The FRENCH BUSINESSMATE

compiled by
LEXUS
with
Nicole Marin

 **PASSPORT BOOKS**

Trade Imprint of National Textbook Company
Lincolnwood, Illinois U.S.A.

The French Businessmate is specifically designed to be of maximum service to you on your business trip to France, Belgium, Quebec, Switzerland, and other French-speaking countries (or if you are having French business visitors at home). *The French Businessmate* gives you one single A–Z list of terms and expressions to help you communicate efficiently in French:

- at sales meetings and presentations
- in discussions of terms, contracts, schedules
- when discussing figures and accounts
- when negotiating and making proposals

And in addition to this you'll find words and phrases that will be useful when you are

- traveling
- at your hotel
- coping with typical business-trip problems

Built into the A–Z list, for speed and ease of reference, there are some 500 French words, French abbreviations, and acronyms you'll find on documents, statements, balance sheets, invoices, notices, signs, etc. There is factual and practical information too: travel tips (see "train," "métro," etc.), conversion tables (see "foot," "pint," etc.), a menu reader (pages 169–72), a wine guide (see "wine"), numbers (pages 173–75), and a map on page viii.

On pages iv to vii there are notes on the pronunciation of French and basic points about French grammar.

All in all, *The French Businessmate* will make for a smoother, more efficient trip. If you are in business, then

this book means business!

The table below relates spelling to sounds, with
English equivalents (notes 1 to 8, 10, 12) or French
examples (notes 9, 11) given where appropriate; for
items marked with*, see also A and B below; groups
of letters shown here never cross syllable boundaries,
e.g., -aim as in "faim," not "ai-mer;" -ail as in
"travail," not "ai-lier."

a, â, à	[ah]	-er	[-ay]	on/om	[on]³
ai, aî	[ay]	eu, eû	[uh]⁴	ou, oû,où	[oo]
-ail	[i]¹	-ez	[-ay]	ou	[w]⁹
-ain/aim	[an]²	g(+e/i)	[j]⁵	qu	[k]
-an/am	[on]³	gn	[ny]⁶	r	[r]¹⁰
au	[oh]	h silent		s*	[s]
ç,c (+e/i)	[s]	i, î	[ee]		[z]
ch	[sh]	i	[y]⁷	t*	[t]
e*	[uh]⁴	-in/în/im	[an]²		[s]¹¹
silent or	[eh]	j	[j]⁵	th	[t]
é	[ay]	ll	[l]	u, û	[ɶ]¹²
è, ê	[eh]		[y]⁷	u	[w]⁹
eau	[oh]	o	[oh]	-un/um	[an]²
ei	[ay]	ô	[oh]	y	[ee]
-eil	[ay]	oe, oeu	[uh]⁴		[y]⁷
-ein	[an]²	oi, ois	[wah]	-yn/ym	[an]²
-en/em	[on]³	-oin	[wan]⁸	x*	[ks]

also: **-euil,** as in "seuil" [suh-ee]
 oeil [uh-ee], **yeux** [yuh]
 Noël [noh-el]
 maïs [mah-eess]

1. *i*ce (travail, travailler, bail)
2. m*e*ringue (demain, plein)
3. rest*au*rant
4. *a*bove (le premier)

5. measure (je, gêné)
6. onion (signer, montagne)
7. yet (paille, travailler, vieux)
8. w+"in" as in meringue (coin, coincé)
9. French oui [wee], ouate [wat]; suis [swee], huile [weel]
10. the "r" is produced with the uvula (try gargling!)
11. as in French "nation" [nass-y$\overline{on}$]
12. as in "huge," "dew" (rue, du)

A. When final, e, d, s, t and x are usually silent: usine [∞-zeen], gris [gree], chaud [shoh], petit [puh-tee] etc; in feminine endings (when preceding "e"), d, s, t are sounded: chaude [shohd], grise [greez], petite [puh-teet].

Sometimes d, s, t or x are sounded before an initial vowel in the following word (this is called "liaison"): vous avez [vooz ah-vay], vous êtes [vooz ayt], aux Etats-Unis [ohz ay-tahz ∞-nee]; learn by listening carefully to French speakers.

B. -ain/-in *etc.*+feminine ending: the nasal sound is lost; sain [s$\overline{an}$], but saine [sen]; un [$\overline{an}$], une [∞n]

HOW TO SPELL IN FRENCH
a [ah] **b** [bay] **c** [say] **d** [day] **e** [uh] **f** [eff] **g** [jay]
h [ash] **i** [ee] **j** [jee] **k** [kah] **l** [el] **m** [emm] **n** [enn]
o [oh] **p** [pay] **q** [k∞] **r** [airr] **s** [ess] **t** [tay] **u** [∞]
v [vay] **w** [doobluh-vay] **x** [eeks] **y** [ee-grek]
z [zed]

If you are starting to learn French, or are using rusty school French at a business meeting, the greatest difficulties are likely to include the question of gender, and verb forms and tenses; here is some basic help with these problems.

1. Gender ("le" or "la"?)
In *The French Businessmate*, we give you the article with every translation of a noun. Depending on the likely context of use, it'll be the French equivalent of either "the" or "a." In some cases, you will also find "du," "de la" or plural "des," for English "some."

If the article is "le" (the) or "un" (a, an), it means the noun is masculine; if it is "la" or "une," the noun is feminine. Where it is "l," as in "l'avion," we specify the gender with *m* or *f*.

Remember that if you use an adjective with a noun, it should "agree:" un petit modèle, une petite usine; un ordinateur puissant, une machine puissante.

Also, articles are generally used even where you wouldn't have "the" in English: "I prefer plastic," but "je préfère le plastique."

Finally, remember that "de" + "le" is "**du**:" la secrétaire du directeur (*the manager's secretary*); "de" + "les" is "**des**:" les désirs des clients (*the customers' wishes*). Similarly, "à" + "le" becomes "**au**:" je vais au bureau (*I'm going to the office*); and "à" + "les" is "**aux**:" adressez-vous aux fabricants (*apply to the manufacturers*).

2. Verbs

The present tense of verbs will be sufficient to help
you get by in most situations:

arriver [ahree-vay]	to arrive
j'arrive [jah-reev]	I arrive
tu arrives [too ah-reev]	you arrive
il arrive [eel ah-reev]	he(it) arrives
elle arrive [el ah-reev]	she(it) arrives
nous arrivons [nooz ahree-vōn]	we arrive
vous arrivez [vooz ahree-vay]	you arrive
ils arrivent [eelz ah-reev]	they arrive
elles arrivent [elz ah-reev]	they arrive

finir "to finish:" je finis/fee-nee/, tu finis, il(elle)
finit/fee-nee/, nous finissons/feenee-son/, vous
finissez/feenee-say/, ils finissent/fee-neess/.

A number of verbs are irregular. *The French
Businessmate* will give you the main forms you need
to know under the entries for "be," "have," "go,"
etc.

Finally, the past tense is generally made up with the
"auxiliary" have (avoir): j'ai payé (I paid, I have
paid), il n'a pas payé (he didn't pay, he hasn't paid);
some verbs take the "auxiliary" be (être): je suis allé
(I went, I have been), il n'est pas allé (he hasn't been,
he didn't go).

Good luck, and remember — if you do try to speak
their language, however basic your proficiency, your
French-speaking contacts will greatly appreciate it!

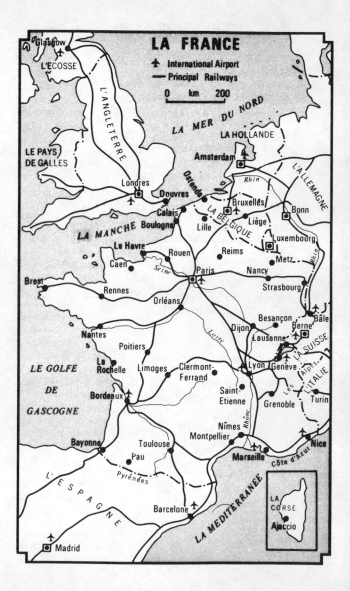

a, an un(une)
    10 francs per liter 10 francs le litre
about: is he about (*around*)? est-ce qu'il est là ?
    about 15 environ quinze
    about face (*in policy*) un demi-tour, une volte-face
    at about 2 o'clock vers deux heures
above au-dessus (de . . .)
    above that de plus
above-mentioned susmentionné(e)
abroad à l'étranger
accept (*general*) accepter
    (*technical*) réceptionner
acceptable acceptable
acceptance l'acceptation
acceptance trials essais de réception
accès interdit no entry
accident: there's been an accident il y a eu un accident
» TRAVEL TIP: *if anybody is hurt, get the police; for
   minor accidents, make sure both parties sign the
   "constat à l'amiable" (forms provided with your
   green card documents, which is an insurance
   document required to take a car through a border
   in Europe.)*
accommodations: we need accommodations for three
   il nous faut de la place pour trois personnes
   see **room**
accordance: in accordance with conformément à
according: according to Mr. Duval selon M. Duval
   according to the contract conformément au
   contrat
account (*bank*) un compte
   (*bill*) la facture
   (*customer*) le client
   that will be taken into account nous en tiendrons
   compte

---

au [oh], ç [s], ch [sh], e [uh, eh], é [ay], è [eh], eau [oh]
-er [-ay], eu [er], -ez [-ay], gn [ny], i [ee], ou [oo], qu [k]
y [ee]; *see also pages iv–v*

accountant un comptable
accounting department la comptabilité, le service
   comptable
accounting method la méthode comptable
accounting period l'exercice financier
account number le numéro de compte
accounts: our accounts for the past year nos comptes
   pour l'année passée
   may we look at your accounts for 1985?
   pouvons-nous examiner votre comptabilité
   pour 1985 ?
accurate précis(e)
accusé de réception *confirmation of receipt*
achat *buying, "buy"*
achats *buying, purchases*
acknowledge reconnaître
   acknowledge receipt of accuser réception de
across de l'autre côté (de . . .)
across the board: an across-the-board increase une
   augmentation générale
actif *assets, "employment of capital (or funds)"*
action *share (stock)*
actionnaire *shareholder*
actual (*as opposed to targeted*) effectif(-ive)
actuary un actuaire
adaptor un adaptateur
add ajouter
additional supplémentaire
address une adresse
   will you give me your address? pouvez-vous me
   donner votre adresse ?
adequate qui convient, suffisant(e)
adjudication *sale by auction, award (to bidder),*
   invitation to bid
adjust ajuster
administrateur *director (board member)*
administrateur délégué *CEO (board member)*
administration la gestion
admission (*to club*) l'entrée *f*
adult un adulte

advance: in advance à l'avance
    can we book in advance? est-ce qu'on peut
    réserver à l'avance ?
    advance payment paiement à l'avance
advantage un avantage
advertisement (*for a product*) une réclame
    (*for a job, an apartment*) une annonce
    I want to put an advertisement in the paper
    j'aimerais mettre une annonce dans le journal
advertising la publicité *see also* **publicity**
advertising campaign une campagne publicitaire
advice: we would appreciate advice as to when . . .
    veuillez nous faire savoir quand . . .
    advice note une note
    payment advice un avis de paiement
advisable recommandé
advise: please advise us veuillez nous faire savoir
    we have been advised that . . . nous venons d'être
    informés que . . .
affranchissement postage
AFP Agence France Presse : *French news agency*
afraid: I'm afraid I don't know je regrette, je ne sais
    pas
    I'm afraid so c'est malheureusement le cas
    I'm afraid not je crains que non
    we are afraid that . . . nous craignons que . . .,
    nous avons peur que . . .
after: after you après vous
    after 2 o'clock après deux heures
afternoon l'après-midi
    in the afternoon l'après-midi
    good afternoon bonjour (Monsieur, *etc.*)
after sales service le service après-vente
again de nouveau
against: against the dollar par rapport au dollar

---

au [oh], ç [s], ch [sh], e [uh, eh], é [ay], è [eh], eau [oh]
-er [-ay], eu [er], -ez [-ay], gn [ny], i [ee], ou [oo], qu [k]
    y [ee]; *see also pages iv–v*

age l'âge m
 it takes ages ça prend très longtemps
agency (*office*) une agence
 (*distributorship*) la représentation
agency agreement un accord de représentation
 we have sole agency for ... nous avons
 l'exclusivité pour la distribution de ...
agenda: on the agenda à l'ordre du jour
agent le représentant
ago: a week ago il y a une semaine
 it wasn't long ago il n'y a pas longtemps de ça
 how long ago was that? il y a combien de temps
 de ça ?
agree: I agree je suis d'accord
 I can't agree with that je ne suis pas d'accord
 avec ça
 if we can agree on a solution si nous pouvons
 nous mettre d'accord
 do you agree that this is too much? êtes-vous
 d'accord que c'est trop ?
agreeable: if you are agreeable si vous voulez bien, si
 vous êtes d'accord
agreement: we're in agreement on that nous sommes
 d'accord sur ce point
 let's try to reach an agreement essayons de nous
 mettre d'accord
 you have broken the agreement vous n'avez pas
 respecté notre accord
agrégé holder of "agrégation," college teaching
 qualification
aim (*of talks, etc.*) l'objectif m
air l'air m
 by air en avion
 by airmail par avion
airfreight le fret aérien
 we'll airfreight them to you nous vous les
 expédierons par avion
airport l'aéroport m
air waybill la lettre de transport aérien
alarm: give the alarm donnez l'alarme

alarm clock un réveil
alcohol l'alcool *m*
  is it alcoholic? est-ce que c'est alcoolisé ?
alerte alarm
all: all the people tout le monde
  all night/all day toute la nuit/toute la journée
  that's all wrong c'est entièrement faux
  all right! d'accord !
  that's all c'est tout
  thank you—not at all merci—de rien
allocations benefits
allow permettre
  will you allow us more time? pouvez-vous nous
  accorder un délai supplémentaire ?
  have you allowed for inflation? est-ce que vous
  avez prévu les effets de l'inflation ?
allowance une indemnité
allowed: is it allowed? est-ce que c'est permis ?
  it's not allowed ce n'est pas permis, c'est interdit
  allow me permettez-moi
almost presque
alone seul(e)
already déjà
also aussi
alter modifier, changer
alteration une modification
  when we've carried out the alterations lorsque
  nous aurons effectué les modifications
although bien que
altogether ensemble, au total
always toujours
a.m. *see* **time**
ambassador l'ambassadeur *m* (l'ambassadrice *f*)
ambulance l'ambulance *f*
amende fine
amendment (*to contract, etc.*) une modification

---

au [oh], ç [s], ch [sh], e [uh, eh], é [ay], è [eh], eau [oh]
-er [-ay], eu [er], -ez [-ay], gn [ny], i [ee], ou [oo], qu [k]
y [ee]; *see also pages 4–5*

America l'Amérique
American américain(e)
  I'm American je suis américain(e)
among parmi
amortissement redemption, *write-off*
amortissements (reserves for) *depreciation*
amount (sum) le montant
  the total amount le total, la somme totale
  it amounts to more than . . . ça s'élève à plus de . . .
analysis l'analyse *f*
analyze analyser
and et
angry fâché(e)
  I'm very angry about it cela me contrarie
  beaucoup
  please don't get angry je vous en prie, ne vous
  fâchez pas
annexe appendix, *enclosure*
annonce advertisement
annoy: it's very annoying c'est très ennuyeux
annual annuel(le)
annual accounts le bilan annuel
annual meeting l'assemblée générale
annual report le rapport annuel
another: can we have another room? est-ce qu'on
  peut avoir une autre chambre ?
  another beer, please une autre bière, s'il vous
  plaît
ANPE Agence Nationale Pour l'Emploi : *state
employment agency*
answer une réponse
  what was his answer? qu'est-ce qu'il a répondu ?
any: do you have any water/pepper/cigars?
  avez-vous de l'eau/du poivre/des cigares ?
  I don't have any je n'en ai pas
  isn't there any chance? n'y a-t-il pas la moindre
  chance ?
anybody n'importe qui
  is anybody in? est-ce qu'il y a quelqu'un ?
  I don't know anybody je ne connais personne

anything n'importe quoi
   have you got anything for ... ? avez-vous quelque
   chose pour ... ?
   I don't want anything je ne veux rien
APEC Agence Pour l'Emploi des Cadres :
   professional and executive recruitment agency
aperitif un apéritif
apologize s'excuser (**for** de)
apology des excuses
   please accept my apólogies veuillez m'excuser
   I want an apology je demande des excuses
appel d'offres invitation *to bid*
appelé au remboursement le ... called for
   redemption on ...
appendix (*to a contract*) une annexe
applicant un candidat (une candidate)
application form un formulaire d'inscription
apply: to apply for (*membership, license*) faire une
   demande; (*job*) faire acte de candidature pour
   that doesn't apply in this case ce n'est pas valable
   dans ce cas
appointment un rendez-vous
   can I make an appointment? est-ce que je peux
   fixer un rendez-vous ?
   I have an appointment j'ai rendez-vous
apports assets brought in
appreciate: we appreciate your problem nous
   comprenons votre problème
   yes, I appreciate that, but ... oui, je vous
   comprends, mais ...
   we would appreciate it if you could ... nous vous
   serions reconnaissants si vous pouviez ...
   thank you, I appreciate it merci, je vous en suis
   reconnaissant
   it actually appreciates in value en fait, ça prend
   de la valeur

---

au [oh], ç [s], ch [sh], e [uh, eh], é [ay], è [eh], eau [oh]
-er [-ay], eu [er], -ez [-ay], gn [ny], i [ee], ou [oo], qu [k]
y [ee]; *see also pages iv–v*

appreciation: as a sign of our appreciation en signe d'appréciation

approach: you should approach our agents vous devriez entrer en relation avec nos représentants

we have been approached by another firm nous avons été contactés par une autre firme

have they been making approaches to you? vous ont-ils pressentis ?

our approach to distribution notre politique en matière de distribution

appropriate: the appropriate department le service compétent

at the appropriate time en temps voulu

approval l'accord

not without your approval pas sans votre accord

approve: do you approve? est-ce que vous êtes d'accord ?

you have to approve these changes vous aurez à donner votre accord pour ces modifications

approximately environ

Appt. appartement : *apartment*

appuyer push, support, back up

après after

April: in April en avril

are see **be**

area la région

in the area dans les environs

area manager le directeur régional

arm le bras

around see **about**

arrange: will you arrange it? pouvez-vous arranger ça ?

it's all arranged tout est en ordre

that can be easily arranged ça peut s'arranger facilement

arrangement: we have a special arrangement with them nous avons conclu un arrangement particulier avec eux

can we discuss the arrangements? pouvons-nous discuter des dispositions ?

all the arrangements have been made toutes les
dispositions ont été prises
arrdt. arrondissement : *(Paris) district*
area code l'indicatif *m*
arrears: you have arrears of ... vous avez un arriéré
de ...
  payments are in arrears les paiements sont en
  retard
arrérages arrears
arrêt stop
arrêté decree
arrhes deposit, *down payment*
arriéré overdue payment
arrival l'arrivée *f*
arrive: we only arrived yesterday nous ne sommes
arrivés qu'hier
arrivée arrival
art l'art *m*
artificial artificiel(le)
as: as quickly as you can aussi rapidement que vous
pouvez
  as much as you can autant que vous pouvez
  as you wish comme vous voulez
  as of today à partir d'aujourd'hui
a.s.a.p. dans les plus brefs délais
ascenseur elevator
ashtray un cendrier
ask demander
  could you ask him to ...? pourriez-vous lui
  demander de ...?
  that's not what I asked for ce n'est pas ce que j'ai
  demandé
  I have been asked to tell you ... on m'a demandé
  de vous dire ...
asleep: he's still asleep il dort encore
aspirin une aspirine

---

au [oh], ç [s], ch [sh], e [uh, eh], é [ay], è [eh], eau [oh]
-er [-ay], eu [er], -ez [-ay], gn [ny], i [ee], ou [oo], qu [k]
y [ee]; *see also pages iv–v*

assemblée générale general meeting
assembly (*of machine*) le montage
  assembly instructions les instructions de montage
asset: this would be a major asset cela représenterait
  un atout considérable
assets (*on balance sheet*) l'actif *m*
assistant l'adjoint *m* (l'adjointe *f*)
  (*shop*) le vendeur (la vendeuse)
assistant manager le directeur adjoint
assume: I assume . . . je suppose . . .
  can we safely assume that . . . ? pouvons-nous
  admettre avec certitude que . . . ?
  that's just an assumption ce n'est qu'une
  hypothèse
assurance: you have my assurance that . . . soyez
  assuré que . . .
assurance insurance
assure: could you assure us that . . . ? pourriez-vous
  nous assurer que . . . ?
  rest assured je vous le garantis
at: at the airport à l'aéroport
  at my hotel à mon hôtel
  at one o'clock à une heure
ATA temporary admission
atmosphere l'atmosphère *f*
attach joindre
  the attached invoice la facture ci-jointe
attaché case un attaché case
attention: for the attention of Mr. . . . à l'attention de
  M. . . .
  please pay special attention to . . . veuillez noter
  tout particulièrement . . .
  thank you for bringing it to our attention merci de
  nous l'avoir fait remarquer
attention à . . . caution: . . .
attitude l'attitude *f*
attractive (*offer, price*) intéressant(e)
  (*design, display*) attrayant(e), qui plaît
audit: after last year's audit après le contrôle des
  comptes de l'année écoulée

auditor un commissaire aux comptes
August: in August en août
Australia l'Australie
Australian australien(ne)
Austria l'Autriche
Austrian autrichien(ne)
authorities l'administration *f*
authorization: I need my director's authorization il me faut l'autorisation de mon directeur
   do we have your authorization to . . . ? est-ce que nous avons votre autorisation pour . . . ?
authorize (*steps, decision*) autoriser
   I'm not authorized to . . . je n'ai pas qualité pour . .
automatic automatique
automatically automatiquement
available (*goods*) disponible; (*person*) libre
   on the next available flight par le premier vol possible
availability: subject to availability suivant disponibilité
avant before
avantages sociaux social benefits
average: average results résultats moyens
   above/below average au-dessus/au-dessous de la moyenne
avertissement warning
avocat lawyer, attorney
avoid: to avoid delay afin d'éviter tout retard
avoir cash in hand, assets
await: we are awaiting . . . nous attendons . . .
   awaiting your prompt reply nous comptons sur une réponse immédiate
aware: are you aware of the . . . ? est-ce que vous vous rendez compte de . . . ?
away: is it far away from here? est-ce que c'est loin d'ici ?

---

au [oh], ç [s], ch [sh], e [uh, eh], é [ay], è [eh], eau [oh]
-er [-ay], eu [er], -ez [-ay], gn [ny], i [ee], ou [oo], qu [k]
y [ee]; *see also pages iv–v*

awful affreux(-euse)

B

back: I'll be right back je reviens tout de suite

is he back? est-ce qu'il est de retour ?

when will he be back? quand est-ce qu'il revient ?

can I have my money back? pouvez-vous me rendre mon argent ?

come back revenez

I go back tomorrow je rentre demain

at the back derrière

we'll get back to you on that nous reprendrons contact avec vous à ce sujet

backer (*for project*) un commanditaire

backing: we need your backing nous avons besoin de votre soutien

backlog (*of work*) le travail en souffrance

(*of orders*) les commandes en souffrance

back out: I'm afraid you can't back out je regrette, vous ne pouvez pas vous dédire

they backed out at the last minute ils se sont dédits à la dernière minute

back up: the figures back it up les chiffres le prouvent

bad mauvais

too bad tant pis

bad debts des créances non recouvrables

baggage les bagages

bail *lease*

bain(s) *bath(s)*

balance (*money*) le solde

(*goods, etc.*) le reste

on balance tout compte fait, l'un dans l'autre

balance out: they balance each other out ils s'équilibrent

balance sheet le bilan

ball-point pen un stylo à bille

bandage (*adhesive*) du sparadrap
bank la banque
bank account un compte bancaire
bank branch manager un directeur d'agence
bank draft une traite bancaire
bank loan un prêt bancaire
bankrupt en faillite
bar un bar
barber le coiffeur
barème price list
bargain: it's a real bargain c'est une bonne affaire
barmaid la serveuse
barman le barman
base: our French base notre établissement en France
    it's based on the assumption that . . . ceci
    présuppose que . . .
based: Paris-based basé à Paris
basic (*problem*) fondamental, de base
basically: we are basically interested en principe
    nous sommes intéressés
    it's basically the same c'est pratiquement la
    même chose
basis la base
    as a basis for negotiations comme base de
    négociations
bath un bain
bathroom la salle de bains
    I'd like a room with a private bathroom je
    voudrais une chambre avec salle de bains
battery une pile
bd. boulevard
be être
    I am je suis, **we are** nous sommes
    you are vous êtes, (*informal*) tu es
    he/she is il/elle est, **it's** c'est ; il/elle est
    they are ils sont, **they aren't** ils ne sont pas

---

au [oh], ç [s], ch [sh], e [uh, eh], é [ay], è [eh], eau [oh]
-er [-ay], eu [er], -ez [-ay], gn [ny], i [ee], ou [oo], qu [k]
y [ee]; *see also pages iv–v*

I was, you were, *etc.* j'étais, vous étiez (*informal:* tu étais), il (elle) était, nous étions, il étaient
he's been sick il a été malade
don't be late ne soyez pas en retard
be reasonable soyez raisonnable
beat: to beat the competition battre la concurrence
we can beat these prices nous pouvons battre ces prix
beautiful beau(belle)
because parce que
because of the delay à cause du retard
bed un lit
single bed un lit à une place
double bed un grand lit
twin beds des lits jumeaux
I'm going to bed je vais me coucher
bed and breakfast une chambre avec petit déjeuner
bedroom une chambre
beer de la bière
two beers, please deux bières, s'il vous plaît
» *TRAVEL TIP: for the equivalent of an American can of beer (12 oz.) of draught lager ask for "un demi pression;" the standard measure is 33 cl (approx. 11 oz.); if you simply ask for "une bière" you may be served bottled beer (more expensive); in Switzerland, ask for "une bière (pression)."*
before: before breakfast avant le petit déjeuner
before we leave avant de partir
I haven't been here before c'est la première fois que je viens ici
begin: when does it begin? quand est-ce que ça va commencer ?
beginning le début, le commencement
beginning next month dès le mois prochain
behalf: on behalf of Mr. McGregor au nom de M. McGregor
on behalf of our company pour le compte de notre société
on your/his behalf en votre/son nom

behind derrière
  we're behind on delivery nous sommes en retard
  pour la livraison
Belgian belge
  (*person*) un Belge (une Belge)
Belgium la Belgique
believe: I don't believe you je ne vous crois pas
  I believe you je vous crois
belong: that belongs to me c'est à moi
  whom does this belong to? à qui est ceci ?
below au-dessous de
bénéfice d'exploitation trading profits
bénéfices profits
BEPC Brevet Elémentaire du Premier Cycle : *grade
  school certificate*
berth (*on ship*) une couchette
beside à côté (de . . .)
best le meilleur (la meilleure)
  we'll do our best nous ferons tout notre possible
  the best would be . . . le mieux serait . . .
better meilleur(e)
  don't you have anything better? est-ce que vous
  n'avez rien de mieux ?
  are you feeling better? est-ce que vous vous
  sentez mieux ?
  I'm feeling a lot better je me sens beaucoup
  mieux
between entre
beyond plus loin que
bid une offre
big grand
  a big one un grand
  that's too big c'est trop grand
  it's not big enough ce n'est pas assez grand
  do you have a bigger one? est-ce que vous en avez
  un plus grand ?

---

au [oh], ç [s], ch [sh], e [uh, eh], é [ay], è [eh], eau [oh]
-er [-ay], eu [er], -ez [-ay], gn [ny], i [ee], ou [oo], qu [k]
  y [ee]; *see also pages iv–v*

bilan balance sheet(s)
bill la note, l'addition *f*
   (*bank note*) un billet (de banque)
bill of lading un connaissement
billets ticket office
bit (*piece*) un morceau
   just a bit un peu
   that's a bit too expensive c'est un peu trop cher
black noir(e)
   in the black: this year we are in the black cette
   année le bilan est positif
   is it black tie? est-ce que le smoking est de
   rigueur ?
blood le sang
   blood group le groupe sanguin
   high blood pressure de l'hypertension
bloody mary une vodka tomate
blue bleu(e)
   blue chip stocks des valeurs de premier choix
board (*of directors*) le conseil d'administration
   board meeting la réunion du conseil
   full board (breakfast and 2 meals) la pension
   complète
   half board (breakfast and 1 meal) la demi-pension
   boarding pass la carte d'embarquement
boat un bateau
bon de caisse cash voucher
bon de commande purchase order
bonded warehouse un entrepôt de douane
bonds l'obligation *f*
book un livre
   can I book a seat for ... ? est-ce que je peux
   réserver une place pour ... ?
   I'd like to book a seat for ... j'aimerais réserver
   une place pour ...
   I'd like to book a table for two j'aimerais réserver
   une table pour deux
   YOU MAY THEN HEAR ...
   c'est à quel nom ? *what is the name, please?*
   c'est pour quelle heure ? *for what time?*

see also **reserve**
booking office le guichet
books: your books votre comptabilité
bookstore une librairie
border la frontière
boring ennuyeux(-euse)
born: I was born in 1945/in Chicago; je suis né en
   1945/à Chicago
borrow: can I borrow ... est-ce que je peux
   emprunter ...?
borrowings les emprunts
boss le patron
both les deux
   I'll take both of them je les prendrai tous les deux
bottle une bouteille
bottom: at the bottom of the list au bas de la liste
Bourse : la Bourse the *Stock Exchange*
box une boîte
   (*at theater*) une loge
boy un garçon
BP Boîte Postale : *P.O. Box*
brake freiner
   I had to brake suddenly j'ai dû freiner subitement
   he didn't brake il n'a pas freiné
branch une succursale
branch manager un directeur de succursale
branch office une succursale
brand une marque
   we must increase brand recognition il nous faut
   sensibiliser le public à la marque
brand image l'image de marque
brasserie café-style restaurant, also serves snacks
breach: they are in breach of contract ils ont rompu
   le contrat
bread du pain
   could we have some bread and butter? est-ce que

---

au [oh], ç [s], ch [sh], e [uh, eh], é [ay], è [eh], eau [oh]
-er [-ay], eu [er], -ez [-ay], gn [ny], i [ee], ou [oo], qu [k]
   y [ee]; *see also pages iv–v*

vous pouvez nous apporter du pain avec du beurre ?

some more bread, please encore un peu de pain, s'il vous plaît

break (*contract, agreement*) rompre

breakdown (*car*) une panne

(*of figures, facts*) le détail

could you give me a full breakdown?

(*figures*) pouvez-vous me faire le décompte détaillé ?

(*facts*) pouvez-vous me faire une analyse détaillée ?

break even équilibrer son budget

at that rate we don't even break even à ce taux-là, nous ne rentrons même pas dans nos frais

breakeven point le seuil de rentabilité

breakfast le petit déjeuner

» TRAVEL TIP: *A French breakfast usually consists of coffee, croissants or brioches, butter and jam. An American breakfast can be obtained at most hotels.*

brevet patent

briefcase un porte-documents, une serviette, un attaché-case

briefing: please give me a full briefing on the situation faites-moi un rapport sur la situation

brilliant brillant(e)

bring apporter

could you bring it to my hotel? pourriez-vous l'apporter à mon hôtel ?

bring forward: we've brought the date forward three weeks nous avons avancé la date de trois semaines

bring forward (*in ledger*) reporter

Britain la Grande-Bretagne

British britannique

the British les Britanniques

brochure un prospectus

do you have any brochures about . . . ? avez-vous de la documentation sur . . . ?

broken: you've broken it vous l'avez cassé
   my room/car has been broken into quelqu'un
   s'est introduit dans ma chambre/voiture
broker un courtier
brown brun(e)
browse: can I just browse around? est-ce que je
   peux regarder ?
brut gross
buffet un buffet
build construire
building un bâtiment
bunch of flowers un bouquet de fleurs
bunk une couchette
buoyant (*market*) soutenu(e), ferme
bus l'autobus *m*
   bus stop l'arrêt d'autobus
   could you tell me when we reach my stop? est-ce
   que vous pouvez m'avertir quand on y arrive ?
» *TRAVEL TIP: pay as you enter in most cities; you can
   buy a "carnet de tickets" (book of tickets) from a
   newsstand; in Geneva, Lausanne: ticket-vending
   machines at bus stop, ticket usu. valid for one hour
   (any number of trips); see also* **métro**
business les affaires
   I'm here on business je suis ici pour affaires
   business trip un voyage d'affaires
   we have a business proposition to put to you nous
   avons une affaire à vous proposer
   we look forward to doing more business with you
   nous espérons continuer à travailler avec vous
   it's a pleasure to do business with you c'est un
   plaisir de traiter avec vous
   our business relationship nos rapports en affaires
   that's not our way of doing business ce n'est pas
   notre manière de traiter
   business is business les affaires sont les affaires

---

au [oh], ç [s], ch [sh], e [uh, eh], é [ay], è [eh], eau [oh]
-er [-ay], eu [er], -ez [-ay], gn [ny], i [ee], ou [oo], qu [k]
y [ee]; *see also pages iv–v*

bust: to go bust faire faillite
busy (*person, telephone*) occupé
    we're very busy these days nous sommes très
    occupés ces jours-ci, nous avons beaucoup de
    travail ces jours-ci
butter du beurre
button un bouton
buvette refreshments, bar
buy acheter
    where can I buy . . . ? où est-ce que je peux
    acheter . . . ?, **I'll buy it** je l'achète
    nobody's buying them personne n'en veut
    our company has been bought by . . . notre société
    a été rachetée par . . .
    we'll buy up the remaining stock nous
    rachèterons le reste du stock
buyer un acheteur (une acheteuse)
buying department le service des achats
by: I'm here by myself je suis venu seul
    can you do it by January? est-ce que vous pouvez
    le faire d'ici à janvier ?
    by train/car/plane en train/voiture/avion
    by the station près de la gare
    who's it made by? c'est fabriqué par qui ?
    signed/ordered by . . . signé/commandé par . . .

C

CA chiffre d'affaires : *sales, revenues*
cabin une cabine
cabine téléphonique telephone booth
cable (*message*) un câble
CAF (CIF) Coût Assurance Fret : *cost insurance
    freight*
café un café
café the usual place for a drink or snack
» *TRAVEL TIP: waiter service, but in France drinks
    cheaper at the bar; alcoholic drinks served all day;
    set lunch ("plat du jour") usually available; you*

*can telephone from most "cafés," and in France
there is often a special counter where stamps and
tobacco are sold; generally pay for your drinks on
leaving rather than on ordering*

caisse *cash register, cashier*

cake un gâteau

calculator une calculatrice

call: will you call the manager? pourriez-vous
appeler le gérant ?
   what is this called? comment ça s'appelle ?
   he'll be calling on you next week il passera vous
   voir la semaine prochaine
   I'll call you back je vous rappellerai
   see **telephone**

calm calme
   calm down calmez-vous

camera un appareil photo

campaign une campagne

can¹: a can of beer une bière en boîte

can²: can I have . . . ? est-ce que je peux avoir . . . ?
   can you . . . ? est-ce que vous pouvez . . . ?
   I can't . . . je ne peux pas . . .
   he can't . . . il ne peut pas . . .
   we can't . . . nous ne pouvons pas . . .
   can they . . . ? est-ce qu'ils peuvent . . . ?

Canada le Canada

Canadian canadien(ne)

cancel *(order)* annuler
   I want to cancel my reservation je veux annuler
   ma réservation
   can we cancel dinner for tonight? est-ce que nous
   pouvons décommander le dîner de ce soir ?
   the flight has been cancelled le vol a été annulé

cancellation *(flight)* l'annulation *f*

CAP Certificat d'Aptitude Professionnelle : *awarded
after trade apprenticeship*

---

au [oh], ç [s], ch [sh], e [uh, eh], é [ay], è [eh], eau [oh]
-er [-ay], eu [er], -ez [-ay], gn [ny], i [ee], ou [oo], qu [k]
   y [ee]; *see also pages iv–v*

capacity la contenance
capital (money) le capital
capital equipment les immobilisations
capital expenditure les dépenses en investissements
capital intensive qui nécessite un investissement
    important
capital social authorized capital
capitaux permanents fixed assets
car une voiture
carafe une carafe
card: business card une carte de visite
    do you have a card? avez-vous une carte de
    visite ?
care: will you take care of my briefcase for me?
    est-ce que je peux vous confier mon
    porte-documents ?
careful: be careful soyez prudent(e)
car-ferry un ferry
cargo la cargaison
carrier le transporteur
carry: will you carry this for me? est-ce que vous
    pouvez me porter ça ?
carry on continuer
    please carry on as before veuillez continuer
    comme auparavant
carry out: it wasn't properly carried out ça n'a pas
    été exécuté correctement
    we've carried out your request votre ordre a été
    exécuté
carton un carton
case (suitcase) une valise
    (packing case) une caisse
    in that case dans ce cas
    as the case may be suivant le cas
    an isolated case un cas isolé
    in such cases dans ces cas-là
    he has a good case ses arguments sont valables
cash (pay) comptant
    in cash en espèces
    I haven't any cash je n'ai pas de liquide

will you cash a check for me? pouvez-vous me
  payer ce chèque ?
cash flow la trésorerie, le cash flow
cash flow forecast une prévision de trésorerie
cash flow problems les problèmes de trésorerie
cashier's desk la caisse
cassette une cassette
catch: where do we catch the bus? où est-ce qu'on
  prend le bus ?
cater to: to cater to your special needs pour répondre
  à vos besoins particuliers
cause: the cause of the trouble la cause des
  difficultés
  it's caused some inconvenience ça a occasionné
  quelques difficultés
caution guarantee
c/c compte courant : *current account*
CC Corps Consulaire : *Consular Corps*
CCP Compte Chèques Postaux : *P.O. checking
  account*
CD Corps Diplomatique : *Diplomatic Corps*
CE Comité d'Entreprise : *Employee committee*
CEDEX Courrier d'Entreprise à Distribution
  Exceptionnelle : *centralized sorting office for
  business mail, in main cities* (cf. additional
  four-digit zip code in U.S.)
CEE Communauté Economique Européenne : *EEC
  (Common Market)*
ceiling (*limit*) un plafond
  up to a ceiling of jusqu'à un maximum de
cellophane la cellophane
center le centre
centigrade centigrade
» *to convert C to F: C ÷ 5 × 9 + 32 = F*

centigrade	-5	0	10	15	21	30	36.9
Fahrenheit	23	32	50	59	70	86	98.4

---

au [oh], ç [s], ch [sh], e [uh, eh], é [ay], è [eh], eau [oh]
-er [-ay], eu [er], -ez [-ay], gn [ny], i [ee], ou [oo], qu [k]
  y [ee]; *see also pages iv–v*

centimeter un centimètre
» *1 cm=0.39 inches   1"=2.54 cm*
central central
certain: are you certain? est-ce que vous êtes
certain ?
    please make certain that ... veuillez vous assurer
que ...
    I'll make certain (*check*) je m'en assurerai
certificate un certificat
certified public accountant (CPA) un
expert-comptable
C et F coût et fret : *cost and freight*
CFDT Confédération Française et Démocratique du
Travail : *a major association of trade unions, in
France*
CFF Chemins de Fer Fédéraux : *the Swiss Railways*
CFTC Confédération Française des Travailleurs
Chrétiens : *Christian assoc. of trade unions, in
France*
CGC Confédération Générale des Cadres : *association
of managerial employees, in France*
CGT/FO Confédération Générale du Travail/Force
Ouvrière : *CGT/FO are two separate entities. CGT
is communist-controlled, but FO is quite
conservative as trade unions go.*
CH Confédération Helvétique : *on license plates:
Switzerland*
chainstore une succursale de grand magasin, un
magasin à succursales multiples
chair une chaise
    (*armchair*) un fauteuil
    (*at meeting*): **he was in the chair** il présidait
chairman le président
chairwoman la présidente
chambermaid la femme de chambre
chambres disponibles rooms for rent
champagne du champagne
chance: just one more chance donnez-nous encore
une chance
    it's an excellent chance to ... c'est une excellente

CHART 25

occasion de . . .
change: could you change this into francs? est-ce que
vous pouvez me changer ça en francs ?
I haven't got the right change je n'ai pas la
monnaie
can you change 10 francs? est-ce que vous avez la
monnaie de dix francs ?
do we have to change trains? est-ce qu'il faut
changer ?
I'd like to change my reservation/flight, *etc.*
j'aimerais changer de réservation/vol
it can't be changed now on ne peut plus changer
maintenant
there are going to be a lot of changes il va y avoir
beaucoup de changements
three changes to the contract specifications trois
modifications aux termes du contrat
keep us informed of any changes in the situation
tenez-nous au courant de tout changement de
situation
change foreign exchange
channel: the Channel la Manche
chaque each, every
charge: what do you charge? combien est-ce que ça
coûte ?
who's in charge? qui est le responsable ?
charge it mettez-le sur la facture
charge order un ordre de prélèvement
automatique
it'll be charged nous débiterons votre compte
whom do I charge it to? à qui faut-il envoyer la
facture ?
what are the charges? ça revient à combien ?
no extra charge sans supplément
charges costs, expenses
chart (*flow chart, etc.*) un graphique

---

au [oh], ç [s], ch [sh], e [uh, eh], é [ay], è [eh], eau [oh]
-er [-ay], eu[er], -ez [-ay], gn [ny], i [ee], ou [oo], qu [k]
y [ee]; *see also pages iv–v*

chaussée verglacée ice (on road)
cheap bon marché
check: will you check the total? pouvez-vous vérifier le total ?
  could I have the check, please? pouvez-vous me donner l'addition, s'il vous plaît ?
  I've checked j'ai vérifié
  we checked in/we checked out at 10 nous sommes arrivés/partis à dix heures
  have you checked your facts? avez-vous vérifié vos données ?
  I'll check it out je vais vérifier
  detailed checks have shown that . . . des contrôles minutieux ont montré que . . .
  regular checks will be carried out des contrôles réguliers sont exécutés
check un chèque
  will you take a check? est-ce que vous acceptez les chèques ?
checkbook un carnet de chèques
checkroom (*luggage*) la consigne
chèques postaux P.O. bank accounts
chest la poitrine
chiffre d'affaires sales
children les enfants
chocolate du chocolat
choice: a wider choice of products un choix plus large de produits
  we have no choice nous n'avons pas le choix
choose choisir
Christmas: at Christmas à Noël
cider du cidre
Cie compagnie : . . . and Company
c.i.f. CAF
cigar un cigare
cigarette une cigarette
circular circulaire
  (*letter*) une circulaire
circulation sur une voie one-way traffic
circumstances: under no circumstances en aucun cas

in the circumstances dans ces circonstances-là, dans le cas présent

citizen le citoyen

city une ville

claim: our claim against the carrier notre réclamation contre le transporteur

the claims we make for our product les qualités que nous revendiquons pour notre produit

we intend to claim damages nous avons l'intention de réclamer des dommages et intérêts

clarification une mise au point

clarify clarifier

clean (*not dirty*) propre

(*to wash, etc.*) nettoyer

clear clair(e)

I'm not clear about it je n'ai pas bien compris

I want to make this perfectly clear je voudrais que ce soit parfaitement clair

I'd be grateful if you would clear it up je vous serais obligé de bien vouloir éclaircir cette question

when they're cleared through Customs lorsqu'ils (elles) seront dédouané(e)s

clearance (*Customs*) les formalités de douane

clearing bank la chambre de compensation

clerical error (*wrong entry*) une erreur d'écriture

clerk un employé (une employée) de bureau

clever intelligent(e)

client un client (une cliente)

cloakroom le vestiaire

clock une horloge

close¹: is it close? est-ce que c'est près d'ici ?

close²: when do you close? quand est-ce que vous fermez ?

closed fermé(e)

close down (*business*) fermer

---

au [oh], ç [s], ch [sh], e [uh, eh], é [ay], è [eh], eau [oh] -er [-ay], eu [er], -ez [-ay], gn [ny], i [ee], ou [oo], qu [k] y [ee]; *see also pages iv–v*

cloth le tissu
clothes les vêtements
CNPF Conseil National du Patronat Français :
  National Employers Council
CNRS Centre National de la Recherche Scientifique :
  National Scientific Research Agency
co- co-
c/o c/o
coat un manteau
cocktail un cocktail
cocktail party un cocktail
c.o.d. comptant à la livraison
coffee un café
  two coffees, please deux cafés, s'il vous plaît
» TRAVEL TIP: *"café au lait" is hot milk with hot black
  coffee; "café crème" is black coffee with a drop of
  milk or cream; black coffee is simply "un café"
  (small: "petite tasse," large: "grande tasse"); in
  Switzerland "un renversé" is the same as "café au
  lait;" for espresso coffee, ask for "un express."*
cognac le cognac
coin une pièce de monnaie
coincidence une coïncidence
cold froid
  I'm cold j'ai froid
  I've got a cold j'ai un rhume
colis parcels, packages
collaboration la collaboration
collar le col
collateral (*for loan*) une caution
colleague un(une) collègue
collect: I want to collect ... je viens chercher ...
  to call collect téléphoner en PCV
  collect call une communication en PCV
collection (*of debts*) le recouvrement
  bill for collection un effet à l'encaissement
color une couleur
  do you have any other colors? est-ce que vous
  avez d'autres couleurs ?
comb un peigne

come venir

>**I/we come from New York** je viens/nous venons de New York
>
>**we came here last year** nous sommes venus ici l'année dernière
>
>**when is he/are they coming?** quand est-ce qu'il vient/qu'ils viennent ?
>
>**come in!** entrez !
>
>**come on!** allons !
>
>**if we come to an agreement** si nous arrivons à nous entendre, si nous parvenons à un accord
>
>**when are you next coming to see us?** quand est-ce que vous reviendrez nous voir ?

comfortable confortable

commande order

comments des commentaires

>**do you have any further comments?** avez-vous quelque chose à ajouter ?

commerçant trader, merchant

commerce le commerce

commercial commercial

commissariat police station

commission une commission

commission agent un représentant à la commission

>**on a commission basis** au pourcentage

commit: we're fully committed to this project nous nous sommes totalement engagés dans ce projet

>**we've committed a lot of time/money to this project** nous avons investi beaucoup de temps/d'argent dans ce projet
>
>**you don't have to commit yourself** vous n'avez pas à vous engager
>
>**I can't commit myself now** je ne peux pas m'engager maintenant

commitment: our financial commitments nos engagements financiers

---

au [oh], ç [s], ch [sh], e [uh, eh], é [ay], è [eh], eau [oh] -er [-ay], eu [er], -ez [-ay], gn [ny], i [ee], ou [oo], qu [k] y [ee]; *see also pages iv–v*

committee le comité
committee meeting une réunion de comité
Common Market (EEC) le Marché Commun
Common Market (EEC) subsidies les subventions du
   Marché Commun
common stock des actions ordinaires
company une société
company car une voiture de fonction
company report le rapport de gestion de la société
compare comparer
   compared with comparé à, en comparaison de
compensation un dédommagement
   I demand compensation je demande un
   dédommagement
compete rivaliser avec, faire concurrence à
   we can't compete with these prices nous ne
   pouvons rivaliser avec ces prix
competent (*qualified, authorized*) compétent(e)
   I'm not competent to deal with that je ne suis pas
   qualifié pour m'occuper de ça
competition la concurrence
   strong competition une forte concurrence
competitive (*prices, product*) concurrentiel(le)
competitors: our competitors nos concurrents
complain se plaindre
complaint une réclamation
complet full, no vacancies
complete: is the work complete? est-ce que le travail
   est terminé ?
   the complete range la gamme complète
completely complètement
completion: on completion of the work une fois le
   travail achevé
complicated: it's very complicated c'est très
   compliqué
compliment: my compliments to the chef mes
   compliments au chef
comply: in order to comply with your requests afin
   de nous conformer à vos souhaits
component un composant

composter : prière de composter votre billet please
   punch your ticket here
compris included, inclusive
compte-courant checking account
compte d'exploitation générale trading account
compte de pertes et profits profit and loss account
compte de régularisation reconciliation statement
compte de résultats general accounts
compte sur livret savings account
computer un ordinateur
computerized informatisé(e)
concern: we were very concerned to hear this ceci
   nous a préoccupé
   as far as we are concerned quant à nous
   concerning your letter en ce qui concerne votre
   lettre
concession une concession
concessionaire un concessionnaire
conclusion: what's your conclusion? quelle est votre
   conclusion ?
   we must draw the appropriate conclusions il nous
   faut en tirer les conclusions qui s'imposent
conclusive concluant(e)
condition: it's not in very good condition ce n'est pas
   en très bon état
conditional acceptance une acceptation sous réserve
conditionnement packaging
conference une conférence
conference room (in *hotel*) une salle de conférence
confidence: we have confidence in . . . nous avons
   confiance en . . .
   this is in confidence c'est confidentiel
confidential: this is strictly confidential ceci est
   strictement confidentiel
confirm confirmer
confirmation la confirmation

---

au [oh], ç [s], ch [sh], e [uh, eh], é [ay], è [eh], eau [oh]
-er [-ay], eu [er], -ez [-ay], gn [ny], i [ee], ou [oo], qu [k]
   y [ee]; *see also pages iv–v*

we look forward to receiving confirmation of nous espérons recevoir la confirmation de

confirmed letter of credit une lettre de crédit confirmée

conformity: it is not in conformity with ce n'est pas conforme à

confuse: you're confusing me! vous m'embrouillez !

congé holiday, leave of absence

congratulations! félicitations !

connaissement bill of lading

connection (*air, train*) la correspondance

connoisseur un connaisseur

conscious conscient(e)

conseil consultant, board

conseil d'administration board of directors

consent: do we have your consent? est-ce que nous avons votre accord ?

consequence la conséquence

as a consequence of this en conséquence

consider: we are considering the possibility of . . . nous envisageons la possibilité de . . .

please ask him to consider it demandez-lui de bien vouloir examiner ça

have you considered making any changes? est-ce que vous pensez changer quelque chose ?

it's worth considering ça vaut la peine d'y penser

considering its age étant donné son âge

all things considered tout bien considéré

consideration: in consideration of . . . en tenant compte de . . .

after due consideration of après mûre réflexion concernant

consigne left luggage office

consigne automatique luggage lockers

consignee le destinataire

consigner l'expéditeur m

consignment l'envoi m

consignment note le bon d'expédition

consommation consumption

consul le consul

consulate le consulat
consult: I have to consult with . . . je dois
  consulter . . .
consultancy: consultancy business un bureau conseil
consultancy fees des honoraires d'expert
  our rates for consultancy nos tarifs de
  consultation
consultant un expert conseil
consultation la consultation
  (*discussion*) la délibération
consumer le consommateur (la consommatrice)
consumer goods les biens de consommation
consumer needs les besoins du consommateur
contact: how can I contact . . . ? comment est-ce que
  je peux contacter . . . ?
  I'll get in contact soon (with . . .) je me mettrai
  bientôt en rapport (avec . . .)
  please do not hesitate to contact us n'hésitez pas à
  nous contacter
  that was a useful contact ceci a été un contact
  utile
  he has useful contacts il a des relations utiles
container un conteneur
container terminal une base de conteneurs
contentieux legal department, litigation
contract un contrat
  under the terms of the contract conformément
  aux termes du contrat
contrat d'exclusivité exclusive agreement
contravention fine (for traffic offense, etc.)
contribution (*to project, etc.*) la collaboration
  (*financial*) la contribution
control: under our control sous notre contrôle
  everything is under control tout se passe bien
  the necessary management control les procédures
  de contrôle

---

au [oh], ç [s], ch [sh], e [uh, eh], é [ay], è [eh], eau [oh]
-er [-ay], eu [er], -ez [-ay], gn [ny], i [ee], ou [oo], qu [k]
y [ee]; *see also pages iv–v*

due to circumstances beyond our control en raison de circonstances indépendantes de notre volonté

controlling factor le facteur déterminant

convenience: at your earliest convenience dans les meilleurs délais

convenient pratique

   is it convenient for you? est-ce que ça vous convient ?

convince: I want to convince you that ... je voudrais vous persuader que ...

convocation invitation to attend

cook: it's not cooked ce n'est pas cuit

cool frais (fraîche)

cooperate coopérer, collaborer

cooperation la coopération, le concours

cope: can you cope with the extra demand? est-ce que vous pouvez faire face à la demande supplémentaire ?

copie copy, carbon copy

copy: 3 copies trois exemplaires

   we'll send you a copy (*of book*) nous vous en enverrons un exemplaire

   please copy head office veuillez faire parvenir un double au siège

corner (*on road*) un virage

   can we have a corner table? est-ce qu'on peut avoir une table d'angle ?

   corner the market accaparer le marché

corporate secretary le secrétaire général

corporation Société Anonyme

correct correct(e)

correspond to (*relate*) correspondre à

correspondence la correspondance

cost: what does it cost? combien ça coûte ?

   our costs nos frais

   at cost à prix coûtant

   it's been carefully costed les coûts en ont été évalués avec soin

cost analysis l'analyse des coûts *f*

cost-conscious: we must be cost-conscious nous ne
   devons pas perdre de vue la rentabilité
cost-effective rentable
cost estimate le devis
costing l'évaluation du coût *f*
cost price le prix de revient
coté quoted
cotisation contribution, membership *fee*
cotton du coton
cotton wool du coton hydrophile
couchette une couchette
could: could you please . . . ? est-ce que vous
   pouvez . . . ?
   could I have . . . ? est-ce que je peux avoir . . . ?
   we couldn't . . . nous n'avons pas pu . . .
   we could try nous pourrions essayer
country un pays
couple: a couple of . . . quelques
courier: by courier par courrier spécial
cours rate *(of exchange); course (of lectures)*
course: in the course of the meeting au cours de la
   réunion
   in the course of the next 3 months au courant des
   trois prochains mois
   of course bien sûr
court: I'll take you to court je vous poursuivrai en
   justice
cover: to cover our costs couvrir nos frais
   insurance cover la garantie, les risques couverts
cover charge le couvert
cover letter une lettre explicative
crate une caisse
crazy fou (folle)
créance credit, sum owed
créancier creditor

---

au [oh], ç [s], ch [sh], e [uh, eh], é [ay], è [eh], eau [oh]
-er [-ay], eu [er], -ez [-ay], gn [ny], i [ee], ou [oo], qu [k]
            y [ee]; *see also pages iv–v*

credit: our account is in credit notre compte est
   approvisionné
   to the credit of your account au crédit de votre
   compte
   **the bank is willing to grant us credit/extend our
   credit** la banque nous consent un crédit/une
   rallonge de crédit
   on the credit side au crédit
   please credit to the following account . . . veuillez
   créditer le compte suivant . . .
   we are today crediting to you the sum of . . . nous
   créditons aujourd'hui votre compte de la somme
   de . . .
credit card la carte de crédit
credit facilities des facilités de crédit
credit note la note de crédit
creditor le créancier
credit references des références
credit terms les conditions de crédit
credit-worthy solvable
crisis la crise
critical path analysis un organigramme de
   production (analyse du "chemin critique")
criticism une critique
   we have one criticism nous avons une critique à
   formuler
criticize critiquer
cross: our letters must have crossed in the mail nos
   lettres ont dû se croiser
CRS Compagnies Républicaines de Sécurité : *state
   police for emergencies, riots, etc. (National Guard)*
cup une tasse
   a cup of coffee une tasse de café
currency la monnaie
   in foreign currency en devises étrangères
current actuel(le)
   the current month le mois en cours
current account un compte courant
current assets l'actif de roulement m
current earnings les revenus actuels

current liabilities le passif exigible
customer un client (une cliente)
customer complaint une réclamation (d'un client)
customer service les rapports avec la clientèle
custom-made fait(e) sur commande
Customs la douane
Customs Authorities le service des douanes
Customs clearance le dédouanement
Customs duty un droit de douane
cut: to cut costs réduire les coûts
   job cuts des réductions de personnel
   there have been cuts all around il y a eu des
   compressions générales
cutback une diminution
CV Cheval Vapeur : *horsepower*; Curriculum Vitae :
   résumé

D

damage: we'll pay for the damage nous paierons les
   dégâts
   it's damaged c'est abîmé
   damaged in transit détérioré/endommagé en
   cours de transport
damages les dommages et intérêts
dames ladies
Dane un Danois (une Danoise)
dangerous dangereux(-euse)
Danish danois(e)
dark foncé(e)
data les données
data processing le traitement des données
date: what's the date? quelle est la date
   d'aujourd'hui ?
   can we set a date? est-ce que nous pouvons fixer

au [oh], ç [s], ch [sh], e [uh, eh], é [ay], è [eh], eau [oh]
-er [-ay], eu [er], -ez [-ay], gn [ny], i [ee], ou [oo], qu [k]
y [ee]; *see also pages iv–v*

un rendez-vous ?
on the first of June le premier juin
on the fifth of May le cinq mai
in 1985 en 1985
» *TRAVEL TIP: except for the 1st of the month use "deux," "trois," etc. and not "deuxième," etc.; see numbers page 173.*
date of invoicing la date de facturation
to date we have not ... à ce jour nous n'avons pas ...
date limite deadline
day un jour
dead mort(e)
deadline la date limite
if we meet the deadline si nous y arrivons dans les délais
if we miss the deadline si nous dépassons la date limite
deadlock l'impasse *f*
deal (*business*) un contrat, un marché
but we made a deal mais nous nous étions entendus/mis d'accord
it's a deal marché conclu !, d'accord !
I think we have a deal j'ai l'impression que l'affaire est conclue
will you deal with it? pouvez-vous vous en charger ?
we don't deal in ... nous ne faisons pas le commerce de ...
dealer le fournisseur, le distributeur
dealership le contrat de distribution (d'un concessionnaire, d'une agence)
dear (*expensive*) cher (chère)
Dear Mr. Dupont, ... Cher Monsieur, ...
Dear François, ... Cher François, ...
Dear Sir, ... Monsieur, ...
see also **letter**
debentures les obligations
debit: a debit of $1,000.00 un débit de mille dollars
on the debit side au débit

we have debited you with ... nous avons débité votre compte de ...

please debit our account veuillez débiter notre compte

débiteur debtor, borrower

debt une dette

December: in December en décembre

déchargement unloading, *offloading*

decide: we have decided to ... nous avons décidé de ...

we've decided on ... nous nous sommes décidés pour ...

that hasn't been decided yet ça n'a pas encore été décidé

decision une décision

we need a decision today la décision doit être prise aujourd'hui

decision-maker celui qui décide, un décideur

declare: nothing to declare rien à déclarer

découvert overdraft

decrease (in *sales, etc.*) une baisse

deep profond(e)

defect un défaut

defective défectueux(-euse)

defendant un accusé (une accusée)

(in *civil cases*) un défendeur (une défenderesse)

défense de fumer no smoking

deficit un déficit

definite précis(e)

it's not definite yet ce n'est pas encore certain

definitely certainement, sans aucun doute

definitely not certainement pas

déjeuner d'affaires business lunch

délai: dernier délai deadline

dans les délais within the time limit

delay le retard

the flight was delayed le vol a eu du retard

---

au [oh], ç [s], ch [sh], e [uh, eh], é [ay], è [eh], eau [oh]
-er [-ay], eu [er], -ez [-ay], gn [ny], i [ee], ou [oo], qu [k]
y [ee]; *see also pages iv–v*

deliberately exprès
delicate délicat(e)
delicious délicieux(-euse)
deliver: when can you deliver? quand est-ce que
  vous pourrez livrer ?
delivery (*of goods*) la livraison
  to take delivery of ... prendre livraison de ...
delivery date la date de livraison
  what sort of delivery are you looking for? quels
  délais de livraison désirez-vous ?
  is there another mail delivery? est-ce qu'il y a
  une autre distribution ?
deluxe de luxe
demand (*for goods*) la demande
  (not) in demand (peu) demandé(e)
demonstration (*of gadget*) une démonstration
Denmark le Danemark
dentist un dentiste
deny: I deny it je ne l'admets pas
department store un grand magasin, hypermarché
» *TRAVEL TIP: The French "hypermarché" is a*
  combination department/supermarket/variety
  store.
départs departures
departure le départ
départ usine ex works
depend: it depends ça dépend
  it depends on him ça dépend de lui
  you can depend on it vous pouvez compter dessus
deposit un acompte
  do I have to leave a deposit? est-ce qu'il faut
  verser un acompte ?
  15% deposit, down-payment 15% d'acompte
depot un dépôt
depreciation la dépréciation
  (*in books*) l'amortissement m
dépréciation loss of value, depreciation
depressed (*market*) déprimé
déranger : ne pas déranger do not disturb
describe décrire

description une description
desirable: it would be desirable if . . . il serait
   souhaitable que . . .
dessert un dessert
destinataire addressee
destination la destination
detail un détail
   let's discuss the details voyons les détails de près
   I want to study this in detail j'aimerais étudier ça
   en détail
   a detailed account un rapport détaillé
détail retail (trade)
detour un détour
dettes debts
devalued dévalué(e)
develop (*a business*) développer
   a developing market un marché en expansion
development (*of business*) l'expansion *f*
   recent development un développement récent
   an unexpected development un événement
   inattendu
   development loan, aid une subvention de
   développement
déviation diversion
devis quotation, estimate
devises currency
diagram un diagramme
dial tone la tonalité
diamond un diamant
diary un agenda
dictating machine un dictaphone
dictionary un dictionnaire
diesel (*fuel*) du gas-oil
diet un régime
   I'm on a diet je suis au régime
difference une différence

---

au [oh], ç [s], ch [sh], e [uh, eh], é [ay], è [eh], eau [oh]
-er [-ay], eu [er], -ez [-ay], gn [ny], i [ee], ou [oo], qu [k]
y [ee]; *see also pages iv–v*

the price difference la différence de prix
the main difference between our contracts is ...
ce qui change par rapport à notre arrangement
c'est ...
it doesn't make any difference cela ne change rien
different: they are different ils sont différents
can I have a different room? est-ce que je peux
avoir une autre chambre ?
is there a different route? est-ce qu'il y a un autre
itinéraire ?
differently différemment
difficult difficile
difficulty une difficulté
we're having difficulties with ... nous avons
quelques difficultés avec ...
dining room la salle à manger
dinner (evening) le dîner
direct direct(e)
does it go direct? est-ce que c'est direct ?
if they want to buy direct from us s'ils préfèrent
acheter directement
direction la direction
the direction in which things are moving la
tournure que prennent les événements
follow the directions suivez les indications
director un directeur, un administrateur
directory un annuaire
dirty sale
disadvantage un désavantage
disappear disparaître
disappointing décevant(e)
discount une réduction
cash discount une remise de caisse
discreet: please be discreet soyez discret
discrepancy une contradiction
discretion: we'll leave it to your discretion nous
laisserons ça à votre discrétion
at your discretion à votre bon vouloir
discuss discuter
discussion la discussion

dishonest malhonnête
display pack un emballage présentoir
distance la distance
   in the distance au loin
distribution la distribution
distribution network le réseau de distribution
distribution rights les droits de distribution
distributor le distributeur
distributor discount la remise au distributeur
distributorship le contrat de distribution
disturb: the noise is disturbing le bruit nous dérange
divers sundry, sundries
divest se défaire (de)
dividend un dividende
divorced divorcé(e)
do faire
   how do you do? bonjour (Monsieur, *etc.*)
   what are you doing tonight? qu'est-ce que vous
   faites ce soir ?
   how do you do it? comment est-ce que vous
   faites ?
   I've never done it before je n'ai jamais fait ça
   we're doing everything we can nous faisons tout
   notre possible
   what are you doing about it? qu'est-ce que vous
   comptez faire ?
   it won't do ça ne marchera pas, ça ne va pas
   don't, didn't see **not**
doctor un docteur
   I need a doctor j'ai besoin d'un docteur
document un document
documentary credit le crédit documentaire
documentation une documentation
dollar le dollar
domicile : à domicile home, at home
DOM-TOM Domaines et Territoires d'Outre-Mer :

---

au [oh], ç [s], ch [sh], e [uh, eh], é [ay], è [eh], eau [oh]
-er [-ay], eu [er], -ez [-ay], gn [ny], i [ee], ou [oo], qu [k]
y [ee]; *see also pages iv–v*

Overseas Territories
door la porte
dotation à ... appropriation to ...
douane Customs
double: double room une chambre pour deux
    double whiskey un double whisky
    at double the cost deux fois plus cher
    double-check vérifier
douche(s) showers
down en bas
    sales are down from last year les ventes ont
    baissé par rapport à l'an dernier
    to keep/get costs down maintenir/réduire les
    coûts
    sales are down 15% les ventes ont baissé de 15%
down market (*stock*) de baisse
down payment un acompte
downtown le centre ville
dozen une douzaine
    half a dozen une demi-douzaine
draft (*negotiable bill*) une traite
    (*of contract, etc.*) un projet
    draft agreement un projet de contrat
drastic radical(e)
draw (*money*) retirer
    a bill drawn on ... une traite sur ...
drawback un inconvénient
drawee le tiré
drawer le tireur
drawing (*plan, etc.*) un schéma, un croquis
draw up (*documents*) rédiger
    incorrectly drawn up mal rédigé
dress une robe
drink: would you like a drink? désirez-vous boire
    quelque chose ?
    I don't drink je ne bois pas d'alcool
drive conduire
    I've been driving all day j'ai roulé toute la
    journée
    you drive a hard bargain vous êtes dur en affaires

» TRAVEL TIP: *in France, pay attention to "priorité":
as a rule cars coming from the right have right of
way unless you are in a "passage protégé"; on
roundabouts, let cars coming from the right go
first, even when you are on the roundabout.*

driver le conducteur (la conductrice)

driver's license le permis de conduire

drop: a drop in sales/output une baisse dans les
ventes/la production

drugstore *(pharmacy)* une pharmacie

drunk ivre

dry sec (sèche)

dry-clean nettoyer à sec

dry cleaner un pressing

due: when is the bus due? quand est-ce que le bus
arrive ?

   the next payment is due on ... le prochain
paiement est attendu le ...

   it falls due ... il (elle) vient à échéance le ...

   due to ... dû à ...

   in due course en temps utile

during pendant

Dutch hollandais(e)

dutiable passible de droit(s), taxable

duty *(import, etc.)* une taxe, un droit

duty free hors taxes

dynamic dynamique

dz. douzaine dozen

E

each: can we each have one? est-ce que nous
pouvons en avoir un chacun ?

   how much are they each? combien coûte la
pièce ?

---

au [oh], ç [s], ch [sh], e [uh, eh], é [ay], è [eh], eau [oh]
-er [-ay], eu [er], -ez [-ay], gn [ny], i [ee], ou [oo], qu [k]
y [ee]; *see also pages iv–v*

early tôt
   we want to leave a day earlier nous voulons partir un jour plus tôt
   next month at the earliest le mois prochain au plus tôt
east l'est
Easter: at Easter à Pâques
East Germany l'Allemagne de l'Est
easy facile
eat: something to eat quelque chose à manger
échantillon sample
échéance expiration (date), maturity (date)
economic économique
economic forecast les prévisions économiques
economy: the economy l'économie *f*
EDF Electricité de France : *the French Electricity Authority*
effect (*consequence*) l'effet *m*
   it comes into effect cela entre en vigueur
   with immediate effect avec effet immédiat
   with effect as of next month avec effet à partir du mois prochain
   no longer in effect plus en vigueur
effective (*measures*) efficace
effectively (*in effect*) en fait
effet draft, bill
efficiency efficacité
efficient efficace
effort un effort
   thank you for your efforts merci pour vos efforts
   we shall spare no effort nous ferons tout notre possible
EFTA (European Free Trade Assoc.) l'AELE (Association Européenne de Libre Echange)
e.g. par exemple
either: either . . . or . . . ou . . . ou . . .
   I don't like either je n'aime ni l'un ni l'autre
elastic élastique
electric électrique
electrician un électricien

electricity l'électricité *f*
electronic électronique
elegant élégant(e)
elevator l'ascenseur *m*
   the elevator isn't working l'ascenseur ne marche
   pas
else: something else quelque chose d'autre
   let's go somewhere else allons ailleurs
   who else? qui d'autre ?
   or else ou alors
emballage packing, *packaging*
embarrassed gêné(e)
embarrassing gênant(e)
embassy l'ambassade *f*
emergency une urgence
» *emergency numbers on all telephone dials;*
   "Pompiers" fire brigade; "Police Secours" police
   and ambulance
émettre, émis, émission to issue, issued, issue
emphasis: we put the emphasis on ... nous mettons
   l'accent sur ...
emphasize souligner
employ employer
employee un employé (une employée)
employer l'employeur *m*
employment l'emploi *m*
   the people in your employment vos employés
   to create employment créer des emplois
emprunt loan, *borrowing*
empty vide
ENA Ecole Nationale d'Administration : *prestigious*
   school for public officials
encaissé paid-in *(dividend)*
encaisser to cash in
enclose: I enclose with my letter ... je joins à ma
   lettre ...

---

au [oh], ç [s], ch [sh], e [uh, eh], é [ay], è [eh], eau [oh]
-er [-ay], eu [er], -ez [-ay], gn [ny], i [ee], ou [oo], qu [k]
      y [ee]; *see also pages iv–v*

enclosed: please find enclosed ... veuillez trouver
  ci-joint ...
  the enclosed check le chèque ci-joint
end la fin
  when does it end? quand est-ce que cela finit ?
engagement: a prior engagement un engagement
  antérieur
engagements undertakings
engine un moteur
engineer un ingénieur
engineering (designer, consulting) l'ingéniérie f
  civil engineering le génie
  very advanced engineering une technologie de
  pointe
  some engineering problems des problèmes
  techniques
England l'Angleterre f
English anglais(e)
  the English les Anglais
enormous énorme
enough assez (de ...)
  not big enough pas assez grand
  not enough money pas assez d'argent
  thank you, that's enough merci, cela suffit
enquête inquiry
enregistrement check-in (desk); registering; recording
ensure: please ensure that ... veuillez vous assurer
  que ...
entail: this will entail ... cela va impliquer ...
entente agreement
**entertainment: what is there in the way of
  entertainment in the evenings?** qu'est-ce qu'il y a
  d'intéressant à faire le soir ?
entertainment allowance une indemnité de frais de
  représentation
entitle: you will be entitled to ... vous aurez droit
  à ...
entrance l'entrée f
entrée libre free admission
entry l'entrée f

(*in books*) une écriture
envelope une enveloppe
envisage: do you envisage any immediate changes?
    est-ce que vous envisagez des changements
    immédiats ?
equipment le matériel
    electrical equipment une installation électrique
equities les actions
equity les capitaux propres
equivalent: that is the equivalent of . . . c'est
    l'équivalent de . . .
error une erreur
    sent to you in error qui vous a été envoyé par
    erreur
escaliers stairs
escompte discount
especially spécialement
essential essentiel(le)
    it is essential that . . . il est essentiel que . . .
establish: we have established that . . . nous savons
    maintenant que . . .
estimate (*quotation*) un devis
    what's your estimate? quelle est votre
    estimation ?
    we estimate that . . . nous estimons que . . .
    we estimate it at . . . nous l'évaluons à . . .
    estimated costs l'estimation des coûts
    sales estimate la prévision des ventes
état-civil : . . . status: . . . (*single, married, etc.*)
Europe l'Europe
European européen(ne)
even: even the Americans même les Américains
evening: in the evening le soir
    good evening bonsoir (Monsieur, *etc.*)
    this evening ce soir
evening dress (*woman's*) une robe de soirée

---

au [oh], ç [s], ch [sh], e [uh, eh], é [ay], è [eh], eau [oh]
-er [-ay], eu [er], -ez [-ay], gn [ny], i [ee], ou [oo], qu [k]
y [ee]; *see also pages iv–v*

éventualités contingencies
ever: have you ever been to ...? êtes-vous déjà allé
à ...?
every chaque
every day chaque jour
everyone chacun
is everyone here? est-ce que tout le monde est
là ?
everything tout
everything we've tried tout ce que nous avons
essayé
everywhere partout
evidence une preuve, des preuves
a piece of evidence une preuve
exact exact
exactly exactement
exactly! précisément !
example un exemple
for example par exemple
exceed dépasser
not exceeding $500.00 ne dépassant pas $500,00
excellent excellent(e)
except excepté, sauf
exception une exception
as an exception exceptionnellement
we can't make any exceptions nous ne pouvons
faire d'exception
excess (*insurance*) la franchise
excess baggage un excédent de bagages
excess fare un supplément
exchange (*money*) le change
a useful exchange of ideas un échange d'idées
utile
exchange rate le taux de change
exciting (*idea, enterprise*) très intéressante,
passionnante
exclusivité sole agency
excuse: excuse me pardon Monsieur (or Madame,
Mademoiselle)
I offer no excuses je n'ai pas à m'excuser

executive un cadre
   senior executive un cadre supérieur
exercice financier financial year
ex factory départ usine
ex gratia payment paiement à titre de faveur
exhausted épuisé(e)
exhibition une exposition
exhibitor un exposant
exit la sortie
expect attendre
   we didn't expect that nous ne nous attendions pas
   à cela
   larger than expected plus grand que prévu
expéditeur shipper
expéditions dispatch
expenditure la dépense, les dépenses
expense une dépense, des frais
   at your/our expense à vos/nos frais
   it's on expenses ça va sur la note de frais
expense account les frais de représentation
expensive cher (chère)
experience l'expérience
   in our experience dans notre expérience
experienced expérimenté(e)
experiment une expérience
experimental: an experimental model un modèle
   expérimental
expert un expert
expiration: the expiration of the contract l'expiration
   du contrat
expiration date la date d'expiration
expire: it expires next month il(elle) prend fin le
   mois prochain
explain expliquer
   would you explain that slowly? pourriez-vous
   expliquer cela plus lentement ?

---

au [oh], ç [s], ch [sh], e [uh, eh], é [ay], è [eh], eau [oh]
-er [-ay], eu [er], -ez [-ay], gn [ny], i [ee], ou [oo], qu [k]
y [ee]; see also pages iv–v

explanation une explication
exploitation trading, operating
export (noun) l'exportation f
    (verb) exporter
export director le directeur des exportations
export documents les documents d'exportation
export drive une relance des exportations
export license la licence d'exportation
export manager le responsable des exportations
export sales les ventes à l'exportation
exposition exhibition
express par courrier express
extend (deadline) prolonger
    an extension of the deadline une prolongation du
    délai
extra supplémentaire
    an extra cost un coût supplémentaire
    an extra month un mois de plus
    is that extra? est-ce que c'est en supplément ?
extrait de compte statement of account
extremely extrèmement
ex warehouse départ entrepôt
ex works départ usine

F

F Francs (français)
fabricant manufacturer
fabrique factory, works
face le visage
facility: we don't have the facilities to . . . nous ne
    sommes pas équipés pour . . .
facsimile see **fax**
fact un fait
fact-finding tour un voyage d'étude
factor (element) un facteur
factory une usine
factsheet un descriptif
facturation invoicing

facture invoice
Fahrenheit Fahrenheit
» *to convert F to C: $(F-32)\times5\div9=C$*

Fahrenheit	23	32	50	59	70	86	98.4
centigrade	-5	0	10	15	21	30	36.9

fail: if we fail to meet the targets si nous n'arrivons
    pas à atteindre les objectifs
failing: failing that à défaut
faillite bankruptcy
failure un échec
failure rate le taux d'échec
fair¹ une foire
    book fair la foire du livre
fair² juste, équitable
    that's not fair ce n'est pas juste
faithfully: yours faithfully salutations distinguées ;
    see also **letter**
fake un faux
fall (*season*): **in the fall** en automne
fall tomber
    prices/sales are falling les prix/ventes sont en
    baisse
    falling demand une demande en baisse, une
    diminution de la demande
    output fell to ... la production est tombée à ...
    we can always fall back on ... on peut toujours
    se rabattre sur ...
false faux (fausse)
famous réputé(e)
fan (*electric*) le ventilateur
far loin
    is it far? est-ce que c'est loin ?
    how far is it? c'est à quelle distance d'ici ?
fare le prix du billet
FAS free alongside
f.a.s. FAS

---

au [oh], ç [s], ch [sh], e [uh, eh], é [ay], è [eh], eau [oh]
-er [-ay], eu [er], -ez [-ay], gn [ny], i [ee], ou [oo], qu [k]
y [ee]; *see also pages iv–v*

fascinating passionnant(e)
fashion la mode
fast rapide
   don't speak so fast ne parlez pas si vite
fault un défaut
   it's not our fault ce n'est pas de notre faute
faulty défectueux(-euse)
favor: credit in your/our favor le crédit en
   votre/notre faveur
   we would favor . . . notre préférence irait à . . .
favorable (*conditions, terms*) favorable
   we look forward to a favorable reply dans
   l'attente d'une réponse favorable
   if we get a favorable reaction s'ils répondent
   favorablement
favorite préféré(e), favori(te)
   our favorite method notre méthode favorite
fax: by fax par télécopieur
feature (*of product*) une caractéristique
   one of the main features of . . . l'un des traits
   principaux de . . .
February: in February en février
fee (*for license, etc.*) une redevance
   (*consultant's*) les honoraires m
   what's your fee? combien demandez-vous ?
feedback une réaction, un feedback
   could you give us some feedback? faites-nous part
   de vos réactions
feel: I feel certain j'en suis sûr
   I feel tired je suis fatigué
   I don't feel well je ne me sens pas très bien
   I feel like . . . j'ai envie de . . .
felt-tip pen un stylo feutre
fermé closed
fermeture closing
ferry le ferry-boat
few peu (de . . .)
   few people peu de gens
   only a few seulement quelques-uns
   a few days quelques jours

fewer than moins de
FF Francs français : French *francs*
fiasco un fiasco
fiche card, record
fichier file
field: our people in the field nos spécialistes sur le
  terrain
  in the field of ... dans le domaine de ...
fieldwork une enquête sur le terrain
fierce (*competition*) acharné(e)
fifty-fifty fifty-fifty, à cinquante pour cent
figure un chiffre
  let's look at the figures examinons les chiffres
  the figures are quite clear les chiffres parlent
  d'eux-mêmes
  sales figures les chiffres de vente
file (*folder, box file, etc.*) un classeur; (*index*) un
  fichier; (*report*) un dossier
  they're not on file ils ne sont pas fichés
filiale subsidiary
fill remplir
  to fill in a form remplir un formulaire
film un film
fin end
final final(e), définitif(-ive)
  final reminder un dernier rappel
  final offer une dernière proposition
  final draft un projet définitif
finalize mettre au point
  we're still finalizing our plans nous mettons la
  dernière main à notre plan
  another two weeks to finalize matters encore une
  quinzaine avant que tout soit réglé
finance (*a project*) financer
  extra finance des crédits supplémentaires
finance director le directeur des finances

---

au [oh], ç [s], ch [sh], e [uh, eh], é [ay], è [eh], eau [oh]
-er [-ay], eu [er], -ez [-ay], gn [ny], i [ee], ou [oo], qu [k]
y [ee]; *see also pages iv–v*

financial financier
    the financial aspect l'aspect financier
    financial assistance une aide financière
    it makes financial sense financièrement parlant,
    c'est valable
    the last financial year l'exercice financier de
    l'année écoulée
financially financièrement
    financially sound financièrement solide
find trouver
    if you find it . . . si vous le(la) trouvez . . .
    I've found a . . j'ai trouvé un . . .
fine: a 50 francs fine une amende de 50 francs
    OK, that's fine d'accord, ça va bien
finish: I haven't finished je n'ai pas fini
    well/poorly finished goods des produits dont la
    finition est bonne/médiocre
Finland la Finlande
Finnish finlandais(e)
fire un incendie
    fire! au feu !
    he's been fired il a été licencié
firm (enterprise) une société
    a firm offer une proposition ferme
    a firm order une commande ferme
    we need firmer control un contrôle plus strict est
    nécessaire
firm up: we want to firm up this contract nous
    désirons confirmer cet accord
first premier(-ière)
    I was first j'étais le premier
    at our first meeting lors de notre première
    rencontre
    in the first place en premier lieu
    at first d'abord
first class première classe
first name le prénom
» *TRAVEL TIP: use of first names is not standard
   practice in business; best let the French speaker
   take the initiative.*

fisc IRS

fit: not fit for use pas utilisable
  we'll fit a new part nous allons adapter une
  nouvelle pièce
  it doesn't fit cela ne va pas
  can you fit us in tomorrow? est-ce qu'il vous
  serait possible de nous voir demain ?

fix (*arrange, repair*) arranger
  (*date, meeting*) fixer

flat (*not bumpy, etc.*) plat(e)

flat rate un tarif forfaitaire, un forfait

flavor la saveur

flexible adaptable

flight number le numéro de vol

float (*the dollar*) faire flotter

floor l'étage *m*
  on the second floor au premier étage

floppy disk une disquette

flourishing prospère, florissant(e)

flow: the flow of work le volume de travail

flowchart un ordinogramme

flower une fleur

flu la grippe

fluctuations des fluctuations

fluent: he speaks fluent French il parle français
  couramment

FMI Fonds Monétaire International : *IMF*

f.o.b. FOB

foggy brumeux(-euse)

foire fair

folder (*file*) une chemise, un classeur

follow suivre
  follow the instructions suivez les instructions
  we'll follow it up nous y donnerons suite
  would you follow up on this? pourriez-vous en
  assurer le suivi ?

---

au [oh], ç [s], ch [sh], e [uh, eh], é [ay], è [eh], eau [oh]
-er [-ay], eu [er], -ez [-ay], gn [ny], i [ee], ou [oo], qu [k]
y [ee]; *see also pages iv–v*

follow-up: what sort of follow-up are you planning?
que comptez-vous faire ensuite ?
  follow-up publicity la publicité de relance
fondé de pouvoir authorized signatory/representative
fonds de roulement working capital
fonds propres stockholders' equity
food la nourriture
food poisoning une intoxication alimentaire
fool un(e) imbécile
foot le pied
»   *1 foot=30.1 cm=0.3 meters*
f.o.r. franco wagon
for pour
  (*during*) pendant
  for 3 months now depuis maintenant trois mois
  valid for 3 years valable 3 ans
  I'm for the idea je suis tout à fait pour
forbidden défendu(e)
forecast: our production forecast nos prévisions en
  matière de production
  the forecast sales level le montant prévisionnel
  des ventes
foreign étranger(-ère)
foreign exchange le change
foreign exchange market le marché du change
foreigner un étranger (une étrangère)
foresee prévoir
forfait (*all-in*) package, fixed-price contract
forget oublier
  I've forgotten j'ai oublié
  don't forget n'oubliez pas
fork une fourchette
form (*document*) un formulaire
formal officiel(le)
formal acceptance l'acceptation officielle
formal agreement un accord en bonne et due forme
format le format
  in a new format dans un nouveau format
former: the former arrangement l'arrangement
  précédent

the former ... the latter celui-là ... , celui-ci
formula une formule
formulaire form
forthcoming (*visit, etc.*) à venir
fortunately heureusement
forward en avant
forwarding address l'adresse de réexpédition
  could you forward my mail? pouvez-vous faire
  suivre mon courrier ?
forwarding agent un transitaire
forwarding instructions les indications concernant
  l'expédition
found (*a company*) fonder
fournisseur supplier
fournitures supplies
FPA Formation Professionnelle des Adultes :
  state-run adult training program
fragile fragile
frais de bureau overhead
frais de fabrication production costs
frais d'établissement start-up costs
frais généraux general expenses
framework (*for agreement*) le cadre
  within the framework of dans le cadre de
franco de port freight paid
franco wagon FOR
Fr.s., Fr.b. Francs (suisses ou belges) : *francs (Swiss
  or Belgian)*
frappez avant d'entrer please knock before entering
France la France
franchise le contrat de franchise
frank: I'll be frank je serai franc (franche)
fraud la fraude
freak (*result, etc.*) exceptionnel(le) (par sa rareté)
free libre
  (*free of charge*) gratuit(e)

au [oh], ç [s], ch [sh], e [uh, eh], é [ay], è [eh], eau [oh]
-er [-ay], eu [er], -ez [-ay], gn [ny], i [ee], ou [oo], qu [k]
    y [ee]; *see also pages iv–v*

admission free entrée libre
when will he be free? quand est-ce qu'il sera
libre ?
one free for every twelve ordered un exemplaire
gratuit sur douze à la commande
free port un port franc
free sample un échantillon gratuit
freelance indépendant(e)
freight le fret
freight charges les frais de transport
freight collect paiement à l'enlèvement chez le
transitaire, port dû
freight forwarder un transitaire
freight paid franco de port
French un Français (une Française)
I don't speak French je ne parle pas français
frequent fréquent(e)
fret freight
Friday vendredi
friend un ami (une amie)
friendly sympathique
from de
from the U.S.A. d'Amérique
where is it from? d'où est-ce que ça vient ?
from June 14th à partir du 14 juin
from then on à partir de ce moment
from $250.00 à partir de $250,00
front (*of building*) le devant
in front (of) devant
in the front à l'avant
10% up front 10% d'avance
how much up-front cash? combien d'avance ?
frontière border
fruitful (*talks*) fructueux(-euse), profitable
frustrating déprimant(e)
fulfill (*conditions*) remplir
full plein(e)
full-time (*work*) à temps plein
fumeurs smokers
fun: it's fun c'est amusant

function (*role*) la fonction
fundamental fondamental(e)
funny drôle
furniture les meubles
further plus loin
    further information des renseignements
    complémentaires
    for further details, write to . . . pour de plus
    amples détails, écrire à . . .
    further to your letter of . . . comme suite à/en
    référence à votre lettre du . . .
fusion merger
future futur(e)
    in the future à l'avenir
futures (*shares*) des actions à terme

G

gain: a gain of 15% une augmentation de 15%
gallon un gallon
» *1 gallon=3.79 liters*
gamble: it's a gamble c'est un risque à prendre
gap (*in market*) un créneau
garage un garage
» *TRAVEL TIP: ask for "un devis" (estimate), "une*
    facture détaillée" (itemized bill).
gare SNCF main station
gas le gaz
gasoline de l'essence *f*
gas station une station-service
    YOU MAY SEE OR HEAR . . . . . .
    super=*high octane (super)*
    ordinaire, normale=*regular octane*
    le plein ? *do you want it filled up?*
» *TRAVEL TIP: the pump attendant will expect a tip if*

---

au [oh], ç [s], ch [sh], e [uh, eh], é [ay], è [eh], eau [oh]
-er [-ay], eu [er], -ez [-ay], gn [ny], i [ee], ou [oo], qu [k]
y [ee]; *see also pages iv–v*

he gives your windshield a wipe; routine checks such as "les niveaux" (oil and battery level) can be costly. Unleaded gas is not usually available.

GDF Gaz de France : the French Gas Authority

gear l'équipement m, le matériel

(in engine) une vitesse

general général(e)

generally généralement

general manager le directeur général

generate (demand) susciter, créer

generous généreux(-euse)

genius un génie

gentleman un monsieur [muhss-yuh]

gentleman's agreement un accord verbal (sur parole d'honneur)

genuine véritable

gérant manager

German allemand(e)

(person) un Allemand (une Allemande)

the Germans les Allemands

Germany l'Allemagne

gestion management, running (of . . .)

gesture un geste

get: will you get me a . . . ? pouvez-vous me chercher . . . ?

how do I get to . . . ? comment peut-on aller à . . . ?

where do I get off? où dois-je descendre ?

where do you get your supplies? où est-ce que vous vous approvisionnez ?

you can't get them any cheaper vous ne pouvez pas les avoir moins cher

where did you get it from? où l'avez-vous trouvé ?

I'll get him to look at it je vais lui demander de l'examiner

we're not getting anywhere nous n'avançons pas

get back: when can I get it back? quand pourrai-je le(la) ravoir ?, quand me le(la) rendrez-vous ?

when do we get back? quand revenons-nous ?

I'll get back to you je reprendrai contact

gift un cadeau
gilt-edged shares des valeurs de premier choix
gin du gin
   gin and tonic un gin tonic
girl une fille
give donner
   I gave it to him je le lui ai donné
   could you give us . . . ? pourriez-vous nous
   donner . . . ?
   I'm practically giving it away vous l'avez
   pratiquement pour rien
glad content(e)
   we were glad to hear that . . . nous avons été
   heureux d'apprendre que . . .
glass un verre, le verre
   a glass of water un verre d'eau
glasses les lunettes *f*
glue de la colle
GNP le PNB (Produit National Brut)
go aller
   I am going there tomorrow j'y vais demain
   he's going to Los Angeles next month il va à Los
   Angeles le mois prochain
   we/they are going together nous y allons/ils y
   vont ensemble
   where are you going? où allez-vous ?
   I went there last week j'y suis allé la semaine
   dernière
   I'm going to check je vais vérifier
   it goes against our policy cela va à l'encontre de
   notre politique
   when does the train go? quand est-ce que le train
   part ?
   he's/it's gone il est parti
   it's going well/badly ça marche bien/mal
   go ahead: we intend to go ahead with . . . nous

---

au [oh], ç [s], ch [sh], e [uh, eh], é [ay], è [eh], eau [oh]
-er [-ay], eu [er], -ez [-ay], gn [ny], i [ee], ou [oo], qu [k]
y [ee]; *see also pages iv–v*

avons l'intention de mettre à exécution . . .
if you give us the go-ahead si vous nous donnez le
feu vert
go along: I'll go along with that je serais d'accord
avec ça
**go back on: you're going back on what you
said/what we agreed** vous revenez sur ce que
vous avez dit/sur notre accord
go down (*costs, sales*) baisser, diminuer
they're going down big in the U.S. (*successful*) ils
(elles) marchent très fort aux U.S.A.
go for: we should be going for 20% nous devrions
nous fixer 20% comme objectif
go into: let's go into this in detail examinons cela en
détail
go on: if things go on like this si ça continue de cette
façon
go over: I want to go over the plans/results je
voudrais examiner les plans/les résultats
go through: let's go through the figures/plans again
reprenons les chiffres/les plans
go up (*prices*) monter
goal (*objective*) l'objectif *m*
gold l'or *m*
gold standard l'étalon-or *m*
golf le golf
good bon(ne)
good! très bien !
goodbye au revoir
goods les marchandises
goodwill (*of business*) le fonds de commerce
go-slow la grève du zèle, grève perlée
government le gouvernement
grace: period of grace des jours de grâce
grade (*of goods*) le calibre, la catégorie
gradually peu à peu
gram un gramme
» *100 grams=approx. 3½ oz.*
grant: we can grant an extension of . . . nous pouvons
accorder une prolongation de . . .

to grant somebody credit accorder un crédit à
quelqu'un
government subsidies des subventions d'état
grateful reconnaissant(e)
I'm very grateful to you je vous suis très
reconnaissant
gratitude la reconnaissance
gratuit free
gray gris(e)
great grand(e)
(*very good*) excellent
great! parfait !
Greece la Grèce
greedy gourmand(e)
Greek grec (grecque)
green vert(e)
grim (*outlook, meeting*) désagréable, déprimant(e)
gros wholesale (*trade*)
gross brut(e)
gross margin la marge brute
gross profit le bénéfice brut
ground: to help you get this off the ground pour vous
aider à démarrer
on the ground par terre
on the ground floor au rez-de-chaussée
grounds: we have grounds for complaint nous avons
des sujets de mécontentement
groundwork le travail de préparation
group un groupe
grow croître
a growing company une société en expansion
growth la croissance
a growth industry une industrie en pleine
croissance
guarantee une garantie
(*security*) une caution

au [oh], ç [s], ch [sh], e [uh, eh], é [ay], è [eh], eau [oh]
-er [-ay], eu [er], -ez [-ay], gn [ny], i [ee], ou [oo], qu [k]
y [ee]; *see also pages iv–v*

is there a guarantee? est-ce qu'il y a une garantie ?
it's guaranteed for 2 years c'est garanti deux ans
I can guarantee that je peux vous l'assurer
guaranteed loan un prêt garanti
guess deviner
at a guess I'd say ... au jugé, je dirais ...
it's just a guess c'est une conjecture, sans plus
guesstimate un calcul " pifométrique "
guest un invité (une invitée)
guichet desk, booking office
guide un guide
guidelines des directives f
guilty coupable
Gulf: the Gulf le Golfe (persique)

H

hair les cheveux
is there a hairdresser/barber here? est-ce qu'il y a un coiffeur ici ?
half la moitié
in the first half of 1985 dans la première moitié de 1985
for the past half year pendant les six derniers mois
at half price à moitié prix
half the size deux fois plus petit
we need half as much again il nous faut une fois et demie cela
one and a half un et demi
hall d'entrée lobby
hand la main
it has been put in hand on s'en occupe
with everything at hand avec tout à portée de main
the job's in safe hands l'affaire est en mains sûres
handbag un sac à main
handicapés disabled, handicapped

handkerchief un mouchoir
handle la poignée
    we can handle that nous pouvons nous en charger
    who handled the order? qui s'est occupé de la
    commande ?
    handle with care manipuler avec soin
    handling charge frais de manutention
    damaged in handling détérioré lors de la
    manutention
hand luggage les bagages à main
handmade fait à la main
handy (*gadget*) pratique
hangover la gueule de bois
happen: I don't know how it happened je ne sais pas
    comment c'est arrivé
    what's happening? qu'est-ce qui se passe ?
    what happened? qu'est-ce qui s'est passé ?
happy heureux(-euse)
    we would be happy to do ... c'est avec plaisir que
    nous ferions ...
hard dur(e)
hardly à peine
hard sell une vente agressive
hardware le matériel
harm: it can't do any harm (to ...) cela ne peut pas
    faire de mal (à ...)
harmonious harmonieux(-euse)
hate: I hate ... je déteste ...
    I hate to have to tell you, but ... je suis désolé
    d'avoir à vous le dire, mais ...
have avoir
    I have no time je n'ai pas le temps
    he has no time il n'a pas le temps
    we/they have enough money nous avons/ils ont
    assez d'argent
    do you have any ideas? est-ce que vous avez une

---

au [oh], ç [s], ch [sh], e [uh, eh], é [ay], è [eh], eau [oh]
-er [-ay], eu [er], -ez [-ay], gn [ny], i [ee], ou [oo], qu [k]
y [ee]; *see also pages* iv–v

idée ? (*informal*) est-ce que tu as une idée ?
I had, you had, *etc.* j'avais, vous aviez
(*informal*: tu avais), il(elle) avait, nous avions, ils avaient
we've had problems nous avons eu des difficultés
can I have some water? est-ce que je peux avoir de l'eau ?
I have to leave tomorrow je dois partir demain
when can you let us have it by? quand est-ce que vous pouvez nous le faire parvenir ?
I'll have it sent je le ferai expédier
to have something done faire faire quelque chose
he il
head la tête
the person heading up the team/the operation la personne qui dirige l'équipe/l'opération
the head of this department le chef de ce service
headache un mal de tête
head office le siège social
headquarters le bureau central
health la santé
to your health! à votre santé !
hear entendre
we have heard that , , , nous avons appris que . . .
hear, hear! voilà qui est parlé !
heart attack une crise cardiaque
heat la chaleur
heated (*discussion*) animé(e)
heating le chauffage
heavily (*overdrawn, etc.*) sérieusement
heavy lourd(e)
HEC Hautes Etudes Commerciales : *a major business school*
hedge: as a hedge against inflation comme protection contre l'inflation
height la hauteur
hello bonjour
help aider
can you help us? est-ce que vous pouvez nous aider ?

if you need any help si vous avez besoin d'aide
help! à l'aide !
helpful utile
(*person*) obligeant(e)
her: I know her je la connais
give her ... donnez-lui ... **will you give it to her?**
est-ce que vous pouvez le(la) lui donner ?
it's her c'est elle
see also **my**
here ici
come here venez ici
hesitate hésiter
please don't hesitate to get in touch n'hésitez pas
à nous contacter
heures d'ouverture/fermeture opening/closing times
heures supplémentaires overtime
hide cacher
no hidden extras pas de surprises (c'est tout
compris)
high haut(e)
higher plus haut
the highest offer l'offre la plus élevée
high-level (*talks*) de haut niveau
high-powered très important(e)
highway l'autoroute *f*
» TRAVEL TIP: *toll roads in France (relatively
expensive), but free in Switzerland; you either pay
at the "péage" (toll-station) or get a card there and
pay on exit; most highways are 2-lane only; be
extra careful where lanes merge.*
hill une colline
(*on road*) une côte
him: I know him je le connais
give him ... donnez-lui ...
will you give it to him? est-ce que vous pouvez
le(la) lui donner ?

---

au [oh], ç [s], ch [sh], e [uh, eh], é [ay], è [eh], eau [oh]
-er [-ay], eu [er], -ez [-ay], gn [ny], i [ee], ou [oo], qu [k]
y [ee]; *see also pages iv–v*

it's him c'est lui
hindsight: with hindsight rétrospectivement, avec le recul
hire (*employee*) employer
his see **my**
history l'histoire *f*
hit (*car, etc.*) heurter
   we've been badly hit by ... nous avons été sérieusement affectés par ...
hitch: there's been a slight hitch il y a eu une petite anicroche
HLM Habitations à Loyers Modérés : *low-income housing*
hold tenir
   hold this tenez ça
   they hold 15% of the shares ils détiennent 15% du capital
hold up: production has been held up la production a subi des retards
   sorry, I was held up excusez-moi, j'ai été retenu
hole un trou
holiday les vacances
   next Monday is a holiday lundi prochain est férié
   see **public holiday, vacation**
Holland la Hollande
home: at home chez moi (*or* chez nous, *etc.*)
   my home address mon adresse personnelle
   when we get home quand nous rentrerons
hommes men's room
honest honnête
honestly? vraiment ?
honor (*bill, commitments*) honorer
hope espérer
   I hope that ... j'espère que ...
   I hope so/not j'espère que oui/non
hors service out of order
hors taxes tax free, duty free
hospital un hôpital
hospitality: thank you for your hospitality merci de votre hospitalité

host l'hôte *m*
hostess l'hôtesse *f*
hot chaud(e)
    they're selling like hot cakes ça se vend comme
    des petits pains
hotel un hôtel
    at my hotel à mon hôtel
    Hôtel de Ville Town Hall
hour une heure
    see also **time**
hourly (*rate*) horaire
house une maison
how comment
    how many combien (de . . .)
    how much combien (de . . .)
    how long (*time*) combien de temps
    how long/wide is it? quelle en est la
    longueur/largeur ?
    how often? (*precisely*) à quels intervalles ?, avec
    quelle fréquence ?
    how often do you go there? est-ce que vous y
    allez souvent ?
    how long have you been with this company?
    depuis combien de temps est-ce que vous
    travaillez pour cette société ?
    how are you? comment allez-vous ?
however cependant
    however much we try . . . nous avons beau
    essayer . . .
HT hors taxes : *duty free*
hungry: I'm hungry j'ai faim
    I'm not hungry je n'ai pas faim
hurry: I'm in a hurry je suis pressé(e)
    please hurry! dépêchez-vous !
    there's no hurry ce n'est pas pressé
    if you can hurry things up si vous pouvez faire

---

au [oh], ç [s], ch [sh], e [uh, eh], é [ay], è [eh], eau [oh]
-er [-ay], eu [er], -ez [-ay], gn [ny], i [ee], ou [oo], qu [k]
y [ee]; *see also pages iv–v*

accélérer les choses
hurt: it hurts ça fait mal
husband: my husband mon mari
hypothèque mortgage

I

I: I am je suis
   I have j'ai
ice de la glace
   with lots of ice avec beaucoup de glace
ice cream une glace
idea une idée
   good idea une bonne idée
   new ideas des idées nouvelles
   this will give you some idea of . . . ça vous
   donnera une idée de . . .
ideal idéal(e)
identical identique
idiot idiot(e)
i.e. c'est à dire
   if si, **if not . . .** sinon, . . .
   if we could si nous pouvions
IFOP Institut Français d'Opinion Publique : *major*
   opinion poll
ill malade
   I feel ill je ne me sens pas bien
illegal illégal(e)
illegible illisible
image une image
   our corporate image l'image de marque de notre
   société
immediate immédiat(e)
   in the immediate future dans le futur immédiat
immediately immédiatement
immobilier real estate
immobilisations fixed assets, permanent assets
imperfect imparfait(e)
import importer

important: it's very important c'est très important
import duty un droit d'entrée
importer l'importateur *m*
import-export business l'import-export *m*
import license une licence d'importation
import permit un permis d'importer
import restrictions des restrictions à l'importation *f*
impossible impossible
impôts tax, duties
impressive impressionnant(e), remarquable
improve améliorer
   an improved offer une offre supérieure
improvement: we've made some improvements nous
   avons apporté quelques améliorations
in dans
   is he in? est-ce qu'il est là ?
   in Paris à Paris
   in Scotland en Ecosse
   in Canada au Canada
   in 3 weeks dans trois semaines
   we did it in 3 weeks nous l'avons fait en trois
   semaines
inch un pouce
» *1 inch=2.54 cm*
incidental expenses les faux frais
include inclure
   does that include breakfast? est-ce que le petit
   déjeuner est compris ?
   that's all included c'est tout compris
inclusive inclus(e)
   are terms inclusive? est-ce que c'est tout
   compris ?
income le revenu
incompetent incompétent(e)
inconvenient mal choisi(e), gênant(e)
incorrect inexact(e)

au [oh], ç [s], ch [sh], e [uh, eh], é [ay], è [eh], eau [oh]
-er [-ay], eu [er], -ez [-ay], gn [ny], i [ee], ou [oo], qu [k]
y [ee]; *see also pages iv–v*

increase une augmentation
   the increase in sales l'augmentation des ventes
   in order to increase output afin d'augmenter le rendement
   sales are increasing les ventes sont en hausse
   at an increasing rate à un taux croissant
incredible incroyable
incur (*costs, expenses*) encourir
independent indépendant(e)
in-depth en profondeur, détaillé(e)
India l'Inde
Indian indien(ne)
indication une indication
   as an indication of ... en signe de ... , pour vous montrer ...
indigestion une indigestion
indoors à l'intérieur m
industrial industriel(le)
industrial relations les rapports entre syndicats et patronat
industrial zone une zone industrielle
industry l'industrie *f*
inexpensive bon marché
inferior inférieur(e)
inflation l'inflation *f*
influence l'influence *f*
inform renseigner
   I am pleased to be able to inform you that je suis heureux de vous annoncer que
   please inform us when ... veuillez nous faire savoir quand ...
   keep me informed tenez-moi au courant
   we'll keep you informed nous vous tiendrons au courant
   you are very well informed vous êtes très bien informé
informal (*meeting*) sans façon, sans protocole (*agreement*) officieux(-euse)
information des renseignements
   do you have any information in English

about . . . ? est-ce que vous avez de la documentation en anglais sur . . . ?
  for your information à titre de renseignement
initial (*an agreement*) parapher; (*starting*) initial(e)
injured blessé(e)
innocent innocent(e)
input l'apport *m*, la fourniture
inquire: I'll inquire je vais me renseigner
inquiry une demande de renseignements
  could you make inquiries? pouvez-vous vous renseigner ?
inscription registration
INSEE Institut National de la Statistique et des Etudes Economiques : *National Institute of Statistics and Research in Economics*
inside à l'intérieur (de . . .)
  do you have inside information? est-ce vous avez des tuyaux ?
insist: I insist (on it) j'y tiens absolument
inspect examiner, inspecter
inspection une inspection, un contrôle
  regular inspections des inspections régulières
  closer inspection showed that . . . une inspection plus poussée a montré que . . .
inspector un inspecteur, un contrôleur
installations des installations
installment purchase l'achat à crédit, la vente à tempérament
instead à la place
  instead of . . . au lieu de . . .
instruction: shipping instructions les instructions pour la livraison
  according to your instructions suivant vos instructions
  operating instructions le mode d'emploi
insurance une assurance

---

au [oh], ç [s], ch [sh], e [uh, eh], é [ay], è [eh], eau [oh]
-er [-ay], eu [er], -ez [-ay], gn [ny], i [ee], ou [oo], qu [k]
y [ee]; *see also pages iv–v*

insurance claim la déclaration de sinistre
insurance company la compagnie d'assurance
insurance policy la police d'assurance
insurance premium la prime d'assurance
insure assurer
insured assuré(e)
   adequately insured against ... assuré
   suffisamment contre ...
insurmountable insurmontable
intelligent intelligent(e)
intend: we intend to ... nous avons l'intention de ...
   what do you intend to do? qu'est ce que vous
   avez l'intention de faire ?
intensive intensif(-ive)
intention: it was our intention to ... nous avions
   l'intention de ...
interdit prohibited
interest l'intérêt m
   in the interest of speed pour des raisons de
   rapidité
   15% interest un intérêt de 15%
   interest rates les taux d'intérêt
   we are very interested in ... nous sommes très
   intéressés par ...
   are you interested in the idea? est-ce que cette
   idée vous intéresse ?
interesting intéressant(e)
   we find it very interesting nous trouvons ça très
   intéressant
internal (*problems*) interne
international international(e)
interpret: would you interpret for us? pourriez-vous
   nous servir d'interprète ?
interpreter un interprète
interruption une interruption
interview une entrevue
into dans
   into France en France
   into francs en francs
introduce: may I introduce ...? puis-je vous

présenter ... ?

invalid (*license, etc.*) périmé(e)

inventaire inventory

invention une invention

invest investir

investigate: we'll investigate the matter nous allons étudier la question, nous allons faire une enquête

investigations: our investigations have shown that ... nos recherches ont montré que ...

investment un investissement

invisible invisible

invitation une invitation

    thank you for the invitation merci de votre invitation

» TRAVEL TIP: *take a present such as flowers, chocolates or a cake, rather than a bottle of wine.*

invite: can I invite you out tonight? puis-je vous inviter au restaurant ce soir ?

invoice une facture

    as per invoice selon notre facture

    payable against invoice à payer à réception de la facture

    within 30 days of invoice dans les trente jours après facturation

    we'll invoice you direct nous vous facturerons directement

    the amount invoiced le montant facturé

    invoicing instructions les instructions de facturation

    total annual invoicing la facturation annuelle totale

involve: what does it involve? qu'est-ce que cela comprend ?, qu'est-ce que cela implique ?

    it would involve extra costs ça impliquerait des frais supplémentaires

    we don't want to get involved in that nous ne

---

au [oh], ç [s], ch [sh], e [uh, eh], é [ay], è [eh], eau [oh]
-er [-ay], eu [er], -ez [-ay], gn [ny], i [ee], ou [oo], qu [k]
y [ee]; *see also pages iv–v*

voulons pas être impliqués là-dedans
IR impôt sur le revenu : *income tax*
Ireland l'Irlande
Irish irlandais(e)
iron: will you iron this for me? pouvez-vous me
   repasser ça ?
iron out (*difficulties*) aplanir
is *see* **be**
isolated: an isolated case un cas isolé
issue (*of shares*) une émission
it: it is c'est, il (elle) est
   put it there mettez-le(la) là
   give it to him donnez-le(la) lui
   it works ça marche
Italian italien(ne)
Italy Italie
item un article
   all the items listed tous les articles inventoriés
itemize: would you itemize it for me? pouvez-vous
   me donner le détail ?
   an itemized invoice une facture détaillée
its *see* **my**
IUT Institut Universitaire de Technologie :
   engineering school

J

jacket une veste
   (*of book*) une jacquette
January: in January en janvier
Japan le Japon
Japanese japonais(e)
jealous jaloux(-ouse)
jeopardize compromettre
jet un jet [djet]
   private jet un jet privé
jingle (*advertising*) un couplet publicitaire
jinx: the project is jinxed le sort s'acharne sur ce
   projet

JO Journal Officiel : *daily parliamentary bulletin
listing new enactments*
job (*work*) un travail
(*position*) un poste
(*duty*) une fonction
the job is yours vous êtes engagé !
it's a big job c'est une affaire importante
do you want the job? tenez-vous à ce
poste/travail ?
you've done a very good job vous avez fait du bon
travail
what's your job? qu'est-ce que vous faites ?
to offer somebody a job proposer un emploi à
quelqu'un
that's your job c'est votre affaire
it's your job to get that done c'est à vous de vous
en occuper
job description un profil de poste
job lot: we'll take them as a job lot nous les prenons
au forfait
job satisfaction la satisfaction au travail
joint commun(e)
joint venture une entreprise en association
joke une plaisanterie
you must be joking! vous plaisantez !
journey un voyage
have a good journey! bon voyage !
jours fériés holidays
jours ouvrables weekdays
judge: judging by ... à en juger par ...
July: in July en juillet
jump: a sudden jump in sales une brusque hausse
des ventes
we mustn't jump to conclusions il ne faut pas
tirer des conclusions trop rapides
June: in June en juin

au [oh], ç [s], ch [sh], e [uh, eh], é [ay], è [eh], eau [oh]
-er [-ay], eu [er], -ez [-ay], gn [ny], i [ee], ou [oo], qu [k]
y [ee]; *see also pages iv–v*

junk de la camelote
just: just two deux seulement
   just a little un tout petit peu
   just here/there juste ici/là
   that's just right ça va très bien
   not just now pas pour l'instant
   just now maintenant
   he was here just now il était là à l'instant
justifiable justifiable
justifiably avec raison
justify justifier
   how can you justify that? comment pouvez-vous
   expliquer ça ?

K

keel: on an even keel en équilibre
keen (*price, competition*) serré(e)
   I'm not keen je n'y tiens pas tellement, ça ne me
   plaît pas beaucoup
keep: can I keep it? est-ce que je peux le garder ?
   you keep it gardez-le
   keep the change gardez la monnaie
   you didn't keep your promise vous n'avez pas
   tenu votre promesse
   it keeps on breaking down il(elle) est tout le
   temps en panne
   we'll keep on trying nous allons encore essayer
   keep us informed tenez-nous au courant
key une clé
   the key facts les faits déterminants
   a key person une personne importante
   he plays a key role il joue un rôle primordial
killing: to make a killing réussir un beau coup

kilo un kilo = 2.2 pounds
» *conversion: kilos ÷ 5×11=pounds*

kilos	1	1½	5	6	7	8	9
pounds	2.2	3.3	11	13.2	15.4	17.6	19.8

kilometer un kilomètre = 5/8 mile
» *conversion: kilometers÷8×5=miles*

kilometers	1	5	10	20	50	100
miles	0.62	3.11	6.2	12.4	31	62

kind: that's very kind of you c'est très aimable de
    votre part
    would you be so kind as to ... auriez-vous la
    gentillesse de ...
    if you would kindly send us ... si vous vouliez
    bien nous envoyer ...
knife un couteau
know savoir, (*be acquainted with*) connaître
    I don't know je ne sais pas
    do they know? est-ce qu'ils le savent ?
    I know him je le connais
    do they know him? est-ce qu'ils le connaissent ?
    please let us know (what you decide)
    veuillez-nous faire savoir (ce que vous décidez)
    I'll let you know je vous tiendrai au courant, je
    vous le ferai savoir
know-how le savoir-faire, le know-how

L

label une étiquette
labor (*personnel*) la main-d'oeuvre
    (*work*) le travail
labor costs les frais de main-d'oeuvre
labor-intensive qui nécessite une main-d'oeuvre
    importante
labor-saving qui facilite le travail
lack: there's a lack of ... il y a pénurie de ...
ladies' room les toilettes (de dames)
lady une dame
lager une bière *see* **beer**

---

au [oh], ç [s], ch [sh], e [uh, eh], é [ay], è [eh], eau [oh]
-er [-ay], eu [er], -ez [-ay], gn [ny], i [ee], ou [oo], qu [k]
y [ee]; *see also pages* iv–v

» TRAVEL TIP: *if you ask for "une bière" you will automatically be served "une bière blonde," which is lager-type beer.*

land (*plane*) atterrir

language une langue

large grand(e)

    by and large d'une façon générale

last dernier(-ière)

    last year/week l'année/la semaine dernière

    last night hier soir

    at last! enfin !

    how long will this arrangement last? combien de temps est-ce que cet arrangement va durer ?

late: sorry I'm late excusez-moi, je suis en retard

    please hurry, we are late dépêchez-vous, nous sommes en retard

    it's a bit late c'est un peu tard

later plus tard

    I'll come back later je reviendrai plus tard

    see you later! à tout à l'heure

    at the latest au plus tard

    latest development le dernier rebondissement, les faits nouveaux

latter: the latter le dernier, celui-ci

laugh rire

laughable ridicule

launch: we are launching our new model nous lançons notre nouveau modèle

laundromat une laverie automatique

lavabos toilets

lavatory les toilettes *f*

law la loi

lawyer un avocat

layout (*of premises*) l'agencement *m*, la disposition, (*of report, text*) la présentation

lazy paresseux(-euse)

learn apprendre

lease louer (à bail)

    (*contract*) un crédit-bail

leasing le leasing

leasing agent un agent de leasing
least: not in the least pas le moins de monde
  at least au moins
leather le cuir
leave: we're leaving tomorrow nous partons demain
  when does the plane leave? quand est-ce que
  l'avion part ?
  I left two shirts in my room j'ai laissé deux
  chemises dans ma chambre
  can I leave this here? est-ce que je peux laisser ça
  ici ?
  I'll leave that up to you je vous laisse le soin de
  décider
  let's leave that until later remettons ça à plus tard
left: on the left à gauche
leg la jambe
legal légal(e)
  legal aid l'assistance judiciaire *f*
  we intend to take legal action nous avons
  l'intention d'engager des poursuites
  legal costs les frais de justice
  our legal advisor notre conseiller juridique *m*
leisure: at your leisure à votre convenance
length la longueur
less moins (de ...)
  less the costs of ... les coûts de ... en moins
let: let us help laissez-nous vous aider
  will you let me off here? laissez-moi descendre ici
  let's go allons-y
  when can you let us have them? quand est-ce que
  vous nous les ferez parvenir ?
  we can't let that happen on ne peut pas laisser
  faire, il faut absolument éviter cela
letter une lettre
  are there any letters for me? est-ce qu'il y a du
  courrier pour moi ?

---

au [oh], ç [s], ch [sh], e [uh, eh], é [ay], è [eh], eau [oh]
-er [-ay], eu [er], -ez [-ay], gn [ny], i [ee], ou [oo], qu [k]
y [ee]; *see also pages iv–v*

» *Start a letter with "Monsieur" (or "Madame,"*
   "Mademoiselle") where you would have used
   "Dear Sir," "Dear Madam," and with "Cher
   Monsieur," etc., where you would have used "Dear
   Mr. Drew," etc. End the letter with "Veuillez
   agréer, Monsieur, l'expression de mes sentiments
   distingués," or with "Veuillez recevoir, cher
   Monsieur, l'assurance de mes meilleurs
   sentiments" (less formal).

letter of credit une lettre de crédit
   to open a letter of credit émettre une lettre de
   crédit
level: that will be decided at a higher level la
   décision sera prise à un échelon supérieur
   the current level of profits le niveau actuel des
   bénéfices
liabilities les dettes
   (on *balance sheet*) le passif
liability: we accept no liability for that nous
   n'acceptons aucune responsabilité pour ça
liable (*responsible*) responsable
liaise with assurer la liaison avec
libre vacant, free
libre-service self-service
license une licence
   under license sous licence
licensing agreement un accord de licence
lid un couvercle
lie (*falsehood*) un mensonge
   he's lying il ment
lieu de . . . place of . . .
   au lieu de . . . instead of
life la vie
life insurance une assurance-vie
lift: do you want a lift? est-ce que je peux vous
   déposer quelque part ?
   could you give me a lift? est-ce que vous pouvez
   me déposer quelque part ?
light (*not heavy*) léger(-ère)
   the lights aren't working la lumière ne marche

pas (*in car*) les phares ne marchent pas
have you got a light? est-ce que vous avez du
feu ?
like: **would you like . . . ?** est-ce que vous voulez . . . ?
I'd like a . . ./I'd like to . . . j'aimerais . . .
I like it ça me plaît
I don't like it ça ne me plaît pas
like this one comme celui-ci
what's it like? c'est comment ?
do it like this faites comme ça
limit: **up to a certain limit** jusqu'à une certaine
limite
a limited number of . . . un nombre limité de . . .
limite de validité valid until . . . valid for . . .
limited liability company une société à responsabilité
limitée
line une ligne
line (*waiting*) la queue, la file d'attente
what's their line of business? quel est leur secteur
d'activité ?
a new line in . . . une nouvelle gamme de . . .
link une liaison
link up with établir des rapports avec
liqueur une liqueur
liquidation clearance (*sale*)
list une liste
it's not listed here ça ne figure pas sur la liste
listen écouter
listen! écoutez !
list price le prix de catalogue
liter un litre
» *1 liter=1.057 qt.=0.26 gal.*
literature (*brochures, etc.*) la documentation
little petit(e)
a little ice un peu de glace
a little more un peu plus

au [oh], ç [s], ch [sh], e [uh, eh], é [ay], è [eh], eau [oh]
-er [-ay], eu [er], -ez [-ay], gn [ny], i [ee], ou [oo], qu [k]
y [ee]; *see also pages iv–v*

just a little un tout petit peu
live: I live in . . . j'habite à/en . . .
  where do you live? où est-ce que vous habitez ?
livraison delivery
livret d'épargne savings account
load (*goods*) charger
  each load chaque chargement
  they will be loaded next Tuesday ils seront
  chargés mardi prochain
loan un prêt
local: could we try a local wine? est-ce qu'on
  pourrait essayer un vin de la région ?
  a local restaurant un restaurant du coin
  a local call (*telephone*) une communication
  locale/urbaine
  a local firm une entreprise locale
  we use local labor nous employons la
  main-d'oeuvre locale
  is it made locally? est-ce que c'est fabriqué dans
  la région ?
locataire tenant
location de voitures car rental
lock: the lock's broken la serrure est abîmée
  I've locked myself out je me suis enfermé dehors
long long (longue)
  I'd like to stay longer j'aimerais rester plus
  longtemps
  that was long ago il y a longtemps de ça
  how long? combien de temps ?
  there's a long way to go yet nous en sommes
  encore loin
long-term à long terme
  in the long term à long terme, à longue échéance
look: can I take a look? est-ce que je peux jeter un
  coup d'oeil ?
  how do things look? comment ça se présente ?
  I'm looking for . . . je cherche . . .
  I'm just looking je regarde
  let's look at the report examinons le rapport
  look at that regardez ça

look out! attention !
the figures look good les résultats paraissent
satisfaisants
it looks tight ça a l'air juste
look forward: we look forward to meeting you again
nous espérons vous revoir bientôt
loose (*goods*) en vrac
lose perdre
    I've lost my . . . j'ai perdu mon(ma) . . .
    excuse me, I'm lost excusez-moi, je me suis
    perdu(e)
    we're losing money nous perdons de l'argent
    nobody loses out personne n'est perdant
loss une perte
    we had a loss nous avons subi une perte
    at a loss à perte
    it's a losing concern c'est une entreprise qui
    travaille à perte
loss leader un article en réclame, un produit d'appel
lost property les objets trouvés
lot: a lot (of . . .) beaucoup (de . . .)
    not a lot pas beaucoup
    a lot of people/wine beaucoup de gens/vin
    a lot more expensive (than . . .) beaucoup plus
    cher (que . . .)
loud fort(e)
louer : à louer for rent
lovely très joli(e)
low (*level, returns*) faible
    sales are at an all-time low les ventes sont à leur
    niveau le plus bas
low-key (*approach*) discret(-ète), sans emphase
inutile
loyal loyal(e)
loyalty la loyauté
loyer rent

---

au [oh], ç [s], ch [sh], e [uh, eh], é [ay], è [eh], eau [oh]
-er [-ay], eu [er], -ez [-ay], gn [ny], i [ee], ou [oo], qu [k]
y [ee]; *see also pages iv–v*

luck la chance, **bad luck** la malchance
   good luck! bonne chance !
lucky: you're lucky vous avez de la chance
   that's lucky c'est une chance
luggage les bagages
lump sum un forfait, un montant forfaitaire
lunch le déjeuner
» *TRAVEL TIP: in Switzerland, "déjeuner" is*
   commonly used for breakfast, "dîner" for lunch
   and "souper" for dinner; the business lunch is
   somewhat of an institution, esp. in France.
Luxembourg le Luxembourg
luxury le luxe

M

M. Monsieur : Mr.
machine une machine
mad fou (folle)
Madam Madame
magasin shop, warehouse
magazine un magazine
magnificent magnifique
mail le courrier
   is there any mail for me? est-ce qu'il y a du
   courrier pour moi ?
   it'll be in the mail tomorrow ça partira au
   courrier de demain
   I'll have it mailed to you je vous le ferai envoyer
mailbox une boîte aux lettres
» *TRAVEL TIP: yellow, generally on walls.*
mailing list un fichier d'adresses
mail order la vente par correspondance
main principal(e)
   the main problem le problème essentiel
mainly principalement, essentiellement
maintenance contract un contrat d'entretien
Mairie town hall
major important(e)

this is a major opportunity c'est une occasion importante

the major points les points principaux

majority la majorité

majority holding une participation majoritaire

make faire

will we make it in time? est-ce qu'on y arrivera à temps ?

what is it made of? en quoi c'est fabriqué ?

it's not making money ça ne rapporte pas

I'll try to make him reconsider je vais lui demander de réexaminer sa décision

man un homme

management la gestion, l'administration *f* (*the managers, etc.*) la direction, les gestionnaires

it's a question of good management c'est un problème de gestion

our management is not in favor of . . . notre direction n'est pas favorable à . . .

manager un directeur, un chef de service (*in hotel, etc.*) le gérant

production manager/sales manager/publicity manager directeur de la fabrication/des ventes/de la publicité

manageress (*shop, restaurant*) la gérante

managing director le directeur général

man-hour une heure de travail

manpower les effectifs

manual (*a book*) un manuel (*operation*) manuel(le)

manufacture fabriquer

manufacturer un fabricant

many beaucoup (de . . .)

map une carte

a map of Paris un plan de Paris

March: in March en mars

---

marchand de . . . dealer
marchandises goods
Marché Commun Common Market
margin la marge
marginal marginal(e)
markdown: at a markdown price à un prix réduit
market le marché
    the domestic market le marché intérieur
    domestic sales les ventes sur le marché intérieur
    on the market sur le marché
    we're not in the market for . . . nous ne sommes
    pas intéressés par . . .
    to bring something onto the market mettre
    quelque chose en vente
    what the market needs ce qu'on attend sur le
    marché, ce dont le marché a besoin
    there's no market for it il n'y a aucun débouché
    pour ça
    it was badly marketed ça a été mal commercialisé
    it depends how you market it tout dépend
    comment vous le lancez/commercialisez
    the Money Market le marché monétaire
marketing le marketing
    I'm in marketing je suis dans le marketing
    our marketing people nos commerciaux
    our marketing policy notre politique commerciale
    we're very strong in marketing nous sommes très
    forts en marketing
marketing director le directeur du marketing
marketing manager le chef du service commercial
market leader le leader du marché, le numéro un du
    marché
marketplace: in the marketplace sur le marché
market research l'étude de marché
market trends les tendances du marché
mark-up une majoration, une marge
    a 30% mark-up une majoration de 30%
marque brand, make, trademark
marque déposée registered trademark
married marié(e)

marvelous merveilleux(-euse)
masse salariale total staff expenditure
mass mailing un envoi de circulaires personnalisées
mass-produce fabriquer en série
match: a box of matches une boîte d'allumettes
material (*cloth*) du tissu
matières premières raw materials, commodities
matter: it doesn't matter ça ne fait rien
maturity (*of bill*) l'échéance f
maximize maximiser
maximum (le) maximum
   that's our maximum offer c'est notre offre
   maximum
May: in May en mai
may: may I have . . . ? est-ce que je peux avoir . . . ?
maybe peut-être
Me Maître : *Esq., form of address for an attorney*
me: does he know me? est-ce qu'il me connaît ?
   give it to me donnez-le moi
   will you send it to me? pouvez-vous me
   l'envoyer ?
   with me avec moi
meal un repas
mean: what does this mean? qu'est-ce que ça veut
   dire ?, **what do you mean?** qu'est-ce que vous
   voulez dire ?
   I mean it! je ne plaisante pas !
   by all means bien entendu
meantime: in the meantime dans l'intervalle, entre
   temps
meet: I met him last year je l'ai rencontré l'année
   dernière
   when will we meet again? quand est-ce que nous
   nous revoyons ?
meeting (*conference*) une réunion, une assemblée
   (*encounter*) une rencontre

---

au [oh], ç [s], ch [sh], e [uh, eh], é [ay], è [eh], eau [oh]
-er [-ay], eu [er], -ez [-ay], gn [ny], i [ee], ou [oo], qu [k]
y [ee]; *see also pages iv–v*

at our last meeting lors de notre dernière rencontre/réunion
I think we need another meeting je crois qu'il nous faut prévoir une nouvelle réunion
member un membre
   how do I become a member? comment est-ce que je peux devenir membre ?
memo un mémo, une note
men's room les toilettes (pour messieurs)
mention: don't mention it! je vous en prie !
   as I mentioned in my letter ainsi que je le mentionnais dans ma lettre
menu la carte
   set menu le plat du jour, un menu à prix fixe
   can I have the menu, please? est-ce que je peux avoir la carte, s'il vous plaît ?
   see the menu reader, pages 169-172
merchandise (*goods*) la marchandise
   (*to market*) commercialiser
merchandising la commercialisation, le marchandisage
merger la fusion
mess: the whole thing's a mess c'est un désastre
message: are there any messages for me? est-ce qu'il y a un message/une commission pour moi ?
   can I leave a message for . . . ? est-ce que je peux laisser un mot pour . . . ?
messenger le coursier
messieurs men's room
metal le métal
meter un mètre
» *1 meter=39.37 inches=1.09 yards*
method la méthode
métro subway
» *TRAVEL TIP: flat fare on whole network of Paris métro; there are 1st class cars (center of train); a "carnet de tickets" (book of tickets) is more economical than single tickets; tickets valid on Paris bus network, and on RER (Greater Paris express commuter train) within the city area.*

microchip une "puce," une plaquette de silicium
    miniaturisée
microcomputer un micro-ordinateur
mid: by mid June d'ici à la mi-juin
middle le milieu
    by the middle of next month d'ici au milieu du
    mois prochain
    in the middle au milieu
Middle East le Moyen-Orient
middleman un intermédiaire
middle management les cadres moyens
midnight minuit
might: I might be wrong j'ai peut-être tort
    he might have gone il se peut qu'il soit parti
mile un mille
» *conversion: miles ÷ 5×8=kilometers*

miles	0.5	1	3	5	10	50	100
kilometers	0.8	1.6	4.8	8	16	80	160

milk du lait
millimeter un millimètre
mind: I've changed my mind j'ai changé d'avis
    I don't mind ça ne me dérange pas
    do you mind if I . . . ? est-ce que ça vous dérange
    si . . . ?
    please bear this in mind ne l'oubliez pas
    his/my mind is made up il a/j'ai décidé
    I'm sure they won't mind je suis sûr que ça ne les
    dérangera pas
    never mind tant pis
mine see **my**
mineral water de l'eau minérale
minimize réduire au minimum
minimum (le) minimum
minor (*problems*) mineur(e), secondaire
minus moins
minute une minute

---

au [oh], ç [s], ch [sh], e [uh, eh], é [ay], è [eh], eau [oh]
-er [-ay], eu [er], -ez [-ay], gn [ny], i [ee], ou [oo], qu [k]
y [ee]; *see also pages iv–v*

(*tiny*) minuscule
he'll be here in a minute il sera là dans un instant
just a minute un petit instant, je vous prie
minutes: to take the minutes of a meeting rédiger le
  compte rendu d'une réunion, rédiger le
  procès-verbal d'une réunion
misgivings: I have misgivings j'ai des doutes
Miss Mlle, Mademoiselle
miss: there's a . . . missing il y a un (une) . . . qui
  manque
  if we miss the deadline si nous dépassons la date
  limite
  I don't want to miss my plane je ne veux pas
  manquer mon avion
mistake une erreur
  I think you've made a mistake je crois que vous
  vous êtes trompé
misunderstand: don't misunderstand me
  comprenez-moi bien
misunderstanding un malentendu
mix mélanger
  (*mixture*) un mélange
  a good mix of products une bonne variété de
  produits
mix-up un malentendu
Mlle Mademoiselle : *Miss*
MM. Messieurs : *Messrs.*
Mme Madame : *Mrs.*
Mo. Métro : *subway*
mobile mobile
mobilier (*of*) stock, (*of*) securities
mode d'emploi directions for use
model un modèle
modern moderne
modernize moderniser
modification une modification
moins less, minus
moment un moment
  at the moment en ce moment
Monday lundi

money: I've lost my money j'ai perdu mon argent
   I have no money je n'ai pas d'argent
» TRAVEL TIP: *the unit in French currency is "un
   franc," divided up into 100 "centimes"; main coins
   are 10 centimes, 20c, 50c, 1F, 2F, 5F and 10F; the
   10F coin is easily mistaken for coins of lesser value
   (no 10F coin in Switzerland); main notes are 10F,
   20F, 50F, 100F, 500F.*
money order un mandat-poste
monitor (*results*) contrôler
monopoly le monopole
montant amount, sum total
month un mois
monthly mensuel(le)
   (*occurring*) chaque mois, tous les mois
more plus (de . . .)
   can I have some more? est-ce que je peux en
   avoir plus ?, **more wine, please** encore du vin, s'il
   vous plaît
   there isn't/aren't any more il n'y en a plus
   there aren't any more . . . il n'y a plus de . . .
   no more c'est tout, ça suffit
   more comfortable plus confortable
   more than 10 plus de dix
morning le matin
   this morning ce matin
   good morning bonjour (Monsieur, *etc.*)
   in the morning le matin
most: I like it most c'est celui que je préfère
   most of the time/most of the people la plupart du
   temps/des gens
motivated motivé(e)
motor le moteur
move: could you move your car? est-ce que vous
   pouvez déplacer votre voiture ?
   he's moved to another department/company il a

---

au [oh], ç [s], ch [sh], e [uh, eh], é [ay], è [eh], eau [oh]
-er [-ay], eu [er], -ez [-ay], gn [ny], i [ee], ou [oo], qu [k]
      y [ee]; *see also pages iv–v*

changé de service/de société
we've moved nous avons déménagé
he's the man to get things moving c'est l'homme
qu'il faut pour faire avancer les choses
movie theater un cinéma
Mr. M., Monsieur
Mrs., Ms., Miss Mme., Madame, Mademoiselle
» *TRAVEL TIP: A woman should be addressed as*
Madame when one is unsure of her marital status
and some degree of formality is desirable.
much beaucoup (de . . .)
much better/much more beaucoup mieux/plus,
not much pas beaucoup
multinational (*company*) une multinationale
must: I must have . . . je dois avoir . . . , il faut que
j'aie . . . , (*supposition*) je dois avoir . . .
I must not eat . . . je ne dois pas manger de . . .
we must do it nous devons le faire, il faut que
nous le fassions
you must not . . . vous ne devez pas . . .
that's a must c'est une nécessité
mutual: in our mutual interest: pour nos intérêts
réciproques, dans l'intérêt de nos deux sociétés
to our mutual satisfaction à la satisfaction de
chacun
my: my, your, *etc.*; **mine, yours,** *etc.*:

	singular	plural
my	mon (ma)	mes
your	votre	vos
informally	ton (ta)	tes
his, her, its	son (sa)	ses
our	notre	nos
their	leur	leurs

his/her car sa voiture
his/her umbrella son parapluie
» *"son," etc., before a feminine noun starting with*
vowel: son automobile
mine le mien (la mienne), les miens (les miennes)
yours le (la) vôtre, les vôtres, *informally* le tien (la
tienne), les tiens (les tiennes)

his, hers le sien (la sienne), les siens (les siennes)
ours le (la) nôtre, les nôtres
theirs le (la) leur, les leurs

N

name un nom
  my name is ... je m'appelle ...
  what's your name? quel est votre nom ?
  what's his name? comment s'appelle-t-il ?
napkin une serviette
narrow étroit(e)
national national(e)
  he's a Swiss national il est de nationalité suisse
nationality la nationalité
nationalize nationaliser
natural naturel(le)
near: is it near? est-ce que c'est près d'ici ?
  near here près d'ici
  do you go near ...? est-ce que vous passez près
  de ... ?
  where's the nearest ...? où est le(la) ... le(la)
  plus proche ?
nearly presque
necessary nécessaire
  as necessary selon les besoins
  if necessary s'il le faut, si besoin est
  it's not necessary ce n'est pas nécessaire
necessitate nécessiter
necessity une nécessité
need: I need a ... j'ai besoin d'un ..., il me faut
  un ...
  we need more time nous avons besoin de plus de
  temps, il nous faut plus de temps
  the need for ... le besoin de ...

---

au [oh], ç [s], ch [sh], e [uh, eh], é [ay], è [eh], eau [oh]
-er [-ay], eu [er], -ez [-ay], gn [ny], i [ee], ou [oo], qu [k]
y [ee]; *see also pages iv–v*

negative négatif(-ive)
    a negative response une réaction négative
negligent négligent(e)
negotiable négociable
negotiable bill une traite
    not negotiable non négociable
negotiate: to negotiate a settlement négocier un
    règlement
    we are currently negotiating with . . . nous
    sommes actuellement en pourparlers avec . . .
negotiations les négociations
negotiator un négociateur (une négociatrice)
neither: neither of them aucun des deux
    neither . . . nor . . . ni . . . ni . . .
    neither do I moi non plus
net net(te)
    net price un prix net
    $5,000.00 net cinq mille dollars net
    net of tax taxes déduites
    the net margin la marge nette
nettoyage à sec dry cleaning
network (*of distributors, etc.*) un réseau
never jamais
new nouveau(-elle), (*not used*) neuf (neuve)
    I'm new in this job je débute dans ce travail
news (*press*) les nouvelles
    **what news do you have about developments
    in . . . ?** que savez-vous sur ce qui se passe
    en/dans . . . ?
newspaper un journal
    newspaper article un article de journal
    do you have any American newspapers?
    avez-vous des journaux américains ?
    in the newspaper dans le journal
New Zealand la Nouvelle Zélande
next prochain(e)
    please stop at the next corner arrêtez-vous au
    prochain croisement
    see you next week à la semaine prochaine
    on my next trip lors de mon prochain voyage

at the next opportunity à la prochaine occasion
next we have to ... ensuite, nous avons à ...
next to ... à côté de ...
nice joli(e)
night la nuit
   good night bonne nuit
   at night la nuit
   where's a good night club? où est-ce qu'il y a un
   bon night club ?
   nightlife la vie nocturne
   nightporter le portier de nuit
no non
   no improvement pas d'amélioration
   no change pas de changement
   no extras pas de suppléments
   no way! pas question !
No. n°
nobody personne
   nobody is buying them personne n'en veut,
   personne ne les achète
noisy bruyant(e)
   our room's too noisy notre chambre est trop
   bruyante
nombre number
noncommittal: he was noncommittal il ne s'est pas
   engagé
nondelivery la non-livraison
nondutiable non taxable, exempté des droits de
   douane
none: none of them aucun d'entre eux
nonfulfillment la non-exécution
non-fumeurs non smokers
nonproductive improductif(-ive)
nonsense des absurdités
   nonsense! c'est ridicule !
nonstop (*flight*) direct

---

au [oh], ç [s], ch [sh], e [uh, eh], é [ay], è [eh], eau [oh]
-er [-ay], eu [er], -ez [-ay], gn [ny], i [ee], ou [oo], qu [k]
y [ee]; *see also pages iv–v*

normal normal(e)
    when things are back to normal quand les choses
    seront revenues à la normale
normally normalement
north le nord
Northern Ireland l'Irlande du Nord
Norway la Norvège
Norwegian norvégien(ne)
not: I'm not hungry je n'ai pas faim
    not that one pas celui-ci
    not me pas moi
    I don't understand je ne comprends pas
    he didn't tell me il ne m'a pas dit
notary un notaire
note (*bank note*) un billet (de banque)
    I'll make a note of it j'en prendrai note
    my notes of the meeting mes notes de réunion
    we note your . . . nous prenons note de votre
    please note that . . . veuillez noter que . . .
    see **credit**
nothing rien
    nothing new rien de nouveau
    I heard nothing je n'ai rien entendu
notice (*on bulletin board*) un avis
    I didn't notice that je n'ai pas remarqué ça
    until further notice jusqu'à nouvel ordre
    we have noticed that . . . nous avons remarqué
    que . . .
    **we should like to bring the following to your
    notice . . .** nous aimerions porter à votre
    connaissance . . .
    we need more notice than that nous avons besoin
    d'être prévenus plus tôt
    how much advance notice do you need? combien
    de temps à l'avance voulez-vous être prévenu ?
    without any notice sans avertissement préalable
    I have handed in my notice of resignation j'ai
    donné ma démission
notify: we will notify you when . . . nous vous ferons
    savoir quand . . . , nous vous aviserons quand . . .

please notify us veuillez nous en aviser
notorious notoire
November: in November en novembre
now maintenant
nowhere nulle part
nuisance: it's a nuisance c'est ennuyeux
null and void nul et non avenu
number (*figure*) un nombre
  a number of problems un certain nombre de
  problèmes
  number 57 numéro 57
  which number? quel numéro ?
numéro de commande order number
numéro de compte account number

O

object (*item*) un objet
  do you object? est-ce que ça vous ennuie ?, est-ce
  que vous y voyez un inconvénient ?
  I object to that je ne suis pas d'accord avec ça
objection une objection
  I've no objections je n'ai rien à redire
  would you have any objections if . . . ? est-ce que
  vous verriez un inconvénient à ce que . . . ?
objective (*goal*) un objectif
  (*unbiased*) objectif(-ive)
objets trouvés lost and found (*office*)
obligataire (*of*) debentures
obligation bond, debenture
obligation: without obligation sans obligation
obligatory obligatoire
obliged: we would be very much obliged if you . . .
  nous vous serions obligés de bien vouloir . . .
obliging obligeant(e)

---

au [oh], ç [s], ch [sh], e [uh, eh], é [ay], è [eh], eau [oh]
-er [-ay], eu [er], -ez [-ay], gn [ny], i [ee], ou [oo], qu [k]
y [ee]; *see also pages iv–v*

obsolete périmé(e)
obstacle un obstacle
obtain (*get*) obtenir
obvious évident(e)
obviously . . . bien entendu . . .
   obviously not! bien sûr que non !
occasion: on the next occasion à la prochaine
   occasion
   if the occasion should arise si l'occasion devait se
   présenter
occasionally de temps en temps
occupation (*job*) l'emploi *m*
occupé taken, occupied
occupied occupé(e)
   is this seat occupied? est-ce que cette place est
   prise ?
occur se produire
o'clock *see* **time**
October: in October en octobre
odd (*strange*) étrange
   odd number un nombre impair
of de
off: 10% off 10% de réduction
   $3.00 off avec une réduction de trois dollars
   the meeting is off la réunion est annulée
   the deal is off l'affaire est à l'eau
offer: we accept your offer nous acceptons votre offre
   I'll make you an offer je vais vous faire une
   proposition
   a special offer une offre spéciale
   what sort of terms are you offering? qu'est-ce que
   vous offrez comme conditions ?
   they only offered 10% ils n'ont offert que 10%
office le bureau
   office supplies les fournitures de bureau
   office automation la bureautique
official (*person*) un responsable
   the official version la version officielle
   in my official capacity dans l'exercice de mes
   fonctions

off-load décharger
offre spéciale special offer
often souvent
oil (*petroleum*) le pétrole
   (*lubricating–, vegetable–, etc.*) l'huile *f*
OK d'accord
old vieux (vieille)
   how old is he? quel âge a-t-il ?
old-fashioned démodé(e)
omit omettre
OMS Organisation Mondiale de la Santé : *WHO*
on: on the table sur la table
   I haven't got it on me je ne l'ai pas sur moi
   on Friday vendredi
   on television à la télévision
   the deal is on again l'affaire est repartie
   OK, you're on d'accord, j'accepte
   the engine is on le moteur est en marche
   the light is on la lumière est allumée
once une fois
   at once tout de suite
   once it is signed dès signature, une fois que ce
   sera signé
one: number un (une)
   the red one le(la) rouge
only seulement
   this is the only one c'est le(la) seul(e)
ONU Organisation des Nations Unies : *UN*
OP Ouvrier Professionnel : *skilled worker*
OPA Offre Publique d'Achat : *takeover bid*
open ouvert(e), (*verb*) ouvrir
   when do you open? quand est-ce que vous
   ouvrez ?
   to open an account ouvrir un compte
   to open a new branch ouvrir une nouvelle
   succursale

---

au [oh], ç [s], ch [sh], e [uh, eh], é [ay], è [eh], eau [oh]
-er [-ay], eu [er], -ez [-ay], gn [ny], i [ee], ou [oo], qu [k]
    y [ee]; *see also pages iv–v*

open-ended (*agreement*) sans limites fixes
OPEP Organisation des Pays Exportateurs de
Pétrole : *OPEC*
operate (*machine*) faire fonctionner
 the area of business in which we operate le
 secteur dans lequel nous travaillons
operating capital le capital d'exploitation
operating costs (*of a business*) les frais d'exploitation
operation: our overseas operations nos activités à
 l'étranger
 when we put this new system into operation
 quand nous avons mis ce nouveau système en
 service
operator (*telephone*) une téléphoniste, une
 standardiste
 (*machine*) un opérateur (une opératrice)
» *TRAVEL TIP: in France, dial 10 to call the operator.*
opinion une opinion
 in our opinion à notre avis
 what's your opinion? qu'en pensez-vous ?
opportunity une occasion
 I was glad to have the opportunity to ... j'ai été
 heureux d'avoir l'occasion de ...
opposite: opposite the hotel en face de l'hôtel
option une option
 if you'd like an option on the next model si vous
 voulez une option sur le prochain modèle
 we have no option nous n'avons pas le choix
or ou
orange (*color*) orange
order (*for goods*) une commande
 (*a command*) un ordre
 (*goods, dish*) commander
 could we order now? (*in restaurant*) est-ce que
 nous pourrions commander maintenant ?
 thank you, we've already ordered merci, nous
 avons déjà commandé
 if we place an order with you for ... si nous vous
 commandons ..., si nous vous passons
 commande de ...

the last order hasn't arrived la dernière
commande n'est pas arrivée
we have a very full order book notre carnet de
commandes est très chargé
the parts are still on order les pièces détachées
sont encore en commande
the goods we ordered les marchandises que nous
avons commandées
in order to ... afin de ...
order form un bulletin de commande
order number le numéro de la commande
ordinary ordinaire
organization: good/poor organization une
bonne/mauvaise organisation
organize organiser
origin: country of origin le pays d'origine
original original(e)
    the original ... le premier (la première)
    do you have the original? est-ce que vous avez
    l'original ?
originally à l'origine
ORTF Office de la Radio et Télévision Françaises :
    French Broadcasting Authority
OS Ouvrier Spécialisé : *unskilled manual worker*
OTAN Organisation Traité Atlantique Nord : *NATO*
other autre
    the other one l'autre
    do you have any others? est-ce que vous en avez
    d'autres ?
otherwise autrement
ought: it ought to be here by now il(elle) devrait être
    là, maintenant
ounce une once
» *1 ounce=28.35 grams*
our, ours *see* **my**
out dehors

au [oh], ç [s], ch [sh], e [uh, eh], é [ay], è [eh], eau [oh]
-er [-ay], eu [er], -ez [-ay], gn [ny], i [ee], ou [oo], qu [k]
y [ee]; *see also pages iv–v*

9 out of 10 neuf sur dix
is he still out? est-ce qu'il n'est toujours pas
rentré ?
outlet (*retail*) un point de vente
we need new outlets (*markets*) il nous faut de
nouveaux débouchés
outline: the broad outlines (*of the proposal*) les lignes
générales (de notre proposition)
output le rendement, la production
outside dehors
outside the Common Market à l'extérieur du
Marché Commun
outside advisors des experts-conseils
indépendants
outstanding (*invoice, payment*) impayé(e)
$5,000.00 is still outstanding il y a un arriéré de
cinq mille dollars
ouvert open
ouvrir: ne pas ouvrir do not open
over: over here ici
over there là-bas
over 40 plus de quarante
it's all over c'est fini
over a period of 6 months sur une période de six
mois
overcome (*difficulties*) surmonter
overdraft un découvert
overdraft facility des facilités de caisse
overdrawn à découvert
overdue (*payment*) en souffrance, en retard
overheads les frais généraux
overnight: an overnight stay in Dijon une nuit
(passée) à Dijon
will we have to stay overnight? est-ce qu'il faut
prévoir une nuit à l'hôtel ?, est-ce que nous y
passerons la nuit ?
overnight travel is necessary il faudra voyager de
nuit
overpriced: it's overpriced le prix est trop élevé, le
prix est surfait

overseas à l'étranger, outre-mer
oversleep: I overslept je ne me suis pas réveillé à
   temps
overstock un excédent de stock
overtime les heures supplémentaires
owe: what do we owe you? combien est-ce que nous
   vous devons ?
   money owing to us l'argent qui nous est dû
   owing to ... en raison de ...
own: my own ... mon(ma) propre ...
   I'm on my own je suis seul(e)
owner le propriétaire

P

pack un paquet
package l'emballage m
   (*set of services, etc.*): **we have an attractive
   package** nous avons une formule (globale)
   intéressante
   you have to take the whole package il vous faut
   prendre le tout ensemble
   attractively packaged conditionné de façon
   attrayante
packaging (*material*) l'emballage m
packet un paquet
packing l'emballage m
packing case une caisse
packing instructions les instructions pour
   l'emballage
packing list la liste de colisage, une fiche, un
   bordereau
page (*of book*) une page
   could you page him? est-ce que vous pourriez le
   faire appeler ?

au [oh], ç [s], ch [sh], e [uh, eh], é [ay], è [eh], eau [oh]
-er [-ay], eu [er], -ez [-ay], gn [ny], i [ee], ou [oo], qu [k]
y [ee]; *see also pages iv–v*

paiement à la commande/livraison CWO/COD
pain: I've got a pain here/in my leg j'ai mal ici/à la
   jambe
  painkillers des calmants m
pair une paire
Pakistan le Pakistan
Pakistani (*person*) un Pakistanais (une Pakistanaise)
pale pâle
pallet une palette
panaché beer with lemonade
pantyhose des collants m
paper le papier
  (*newspaper*) un journal
papers (*documents*) les documents
par: par retour de courrier by return mail
  par route/mer by road/sea
parcel un paquet, un colis
parcmètre parking meter
pardon (*didn't understand*) pardon ?
  I beg your pardon (*sorry*) excusez-moi
parent company la maison-mère
park: where can I park my car? où est-ce que je
  peux garer ma voiture ?
parking lot (*parking garage*) un parking
part share (*of . . .*)
part une partie
  (*of machine*) une pièce
  part load un chargement partiel
  part owner un copropriétaire
  part payment un acompte
  partial shipment une expédition partielle
participation interest (*stock held*), profit-sharing,
  contribution
particular particulier(ière)
  in particular en particulier
particulars (*specifications, etc.*) des renseignements,
  des détails
particulier vend . . . for private sale . . .
partner un associé (une associée)
partnership une association

parts shares (stock)
party (group) un groupe
    (*celebration*) une réunion (entre amis), une petite
    fête
    (*to contract*) une partie
    both parties are agreed that . . . les parties en
    cause ont convenu que . . .
pass on (*information*) transmettre
    I'll pass it on to him je vais le lui faire savoir
passage interdit no entry
passage protégé superhighway, limited-access
    highway
passif liabilities, "capital (or funds) employed"
passport un passeport
past: in the past autrefois
patent un brevet
    we have applied for the patent nous avons déposé
    la demande de brevet
patient: be patient soyez patient(e)
pattern (*on material*) un dessin, un motif
pay payer
    how shall we pay you? comment voulez-vous être
    payé ?
    to pay the money back rembourser
    can I pay, please? est-ce que je peux payer, s'il
    vous plaît ?
payable payable
payé paid
payee le bénéficiaire
payer le payeur
payment le paiement
    payment will be made in 3 installments le
    paiement se fera en trois versements
    method of payment les modalités de paiement
    conditions of payment les conditions de paiement
    monthly payments of . . . des versements
    mensuels de . . .

au [oh], ç [s], ch [sh], e [uh, eh], é [ay], è [eh], eau [oh]
-er [-ay], eu [er], -ez [-ay], gn [ny], i [ee], ou [oo], qu [k]
y [ee]; *see also pages iv–v*

we are still awaiting payment of ... nous
attendons toujours le paiement de ...
pcc. pour copie conforme : *certified copy*
PCV communication en PCV : *collect call*
PDG Président-Directeur Général : *chairman and
managing director*
peak (*of figures, production*) un maximum
pedestrian crossing un passage pour piétons
» TRAVEL TIP: *do not assume that cars will stop or
even slow down once you are on a pedestrian
crossing; be extra cautious.*
pen: do you have a pen? est-ce que vous avez un
stylo ?
penalty clause une clause pénale
pencil un crayon
pension une pension
(*retiree*) une pension de retraite, une retraite
pension plan une formule de retraite
people les gens
will there be a lot of people there? est-ce qu'il y
aura beaucoup de monde ?
a lot of people think that ... beaucoup de gens
pensent que ...
if people like the product si le produit plaît (au
public)
per: per night/week/person par
nuit/semaine/personne
as per instructions suivant les instructions
as per contract selon le contrat
percent pour cent
percentage le pourcentage
a fixed percentage une pourcentage fixe
on a percentage basis au pourcentage
percepteur *tax collector*
perfect parfait(e)
performance (*of machine, worker, etc.*) le rendement
(*of company*) les résultats m
perhaps peut-être
period une période
périphérique *"le périphérique" is the road encircling*

Paris
permanent permanent(e)
permis permit, *license*
permission une autorisation
permit un permis
person une personne
  in person en personne
personal personnel(le)
personally personnellement
personne morale legal entity
personne physique private individual
personnel le personnel
personnel department le service du personnel
personnel management la gestion du personnel
personnel manager le chef du personnel
persuade: we want to persuade you to ... nous
  voulons vous persuader de ...
perte loss
pharmacie de garde pharmacist on duty
phase une phase
phase in introduire progressivement
phase out supprimer graduellement
phone *see* **telephone**
photograph une photo
pick up: will you come pick me up? est-ce que vous
  pouvez venir me chercher ?
picture une photo
  (*print, drawing, etc.*) une image
  (*painting*) un tableau
piece: a piece of ... un morceau de ...
pièces jointes enclosures
piétons pedestrians
pin down: we must try and pin him down to a date il
  faut que nous arrivions à lui faire préciser une
  date
pint *approx.* un demi-litre *(1 pint=0.47 liter)*

---

au [oh], ç [s], ch [sh], e [uh, eh], é [ay], è [eh], eau [oh]
-er [-ay], eu [er], -ez [-ay], gn [ny], i [ee], ou [oo], qu [k]
y [ee]; *see also pages iv–v*

pipe (*metal*) un tuyau
  (*smoker's*) une pipe
pity: it's a pity c'est dommage
PJ—Ann Pièces jointes—annexes : *enclosures*
place un endroit
  at my/your place? chez moi/vous ?
  is this place taken? est-ce que cette place est
  prise ?
  the meeting will take place in Chicago la réunion
  aura lieu à Chicago
  to place an order with somebody passer
  commande à quelqu'un
placements investment(s)
plain (*food*) simple
  (*not patterned*) uni(e)
plan un plan
  according to plan selon les prévisions
  plans of the building les plans de construction
  we are planning to . . . nous projetons de . . .
  still in the planning stage encore à l'état de projet
plane un avion, **by plane** en avion
plant (*factory*) une usine
  (*equipment*) l'équipement, les installations
plastic le plastique
plastic bag un sac en plastique
plastic wrap la cellophane
platform le quai
  which platform please? c'est à quel quai ?
pleasant agréable
please: could you please . . . ? s'il vous plaît, est-ce
  que vous pouvez . . . ?
  (yes) please oui, s'il vous plaît
pleased: we are pleased with . . . nous sommes
  contents de . . .
  pleased to meet you enchanté(e)
pleasure: it's a pleasure avec plaisir
  my pleasure! je vous en prie !
plenty: plenty of . . . beaucoup de . . .
  thank you, that's plenty merci, ça suffit
plug une prise (électrique)

plus plus
plus-value appreciation (*in value or worth*)
PLV Publicité au Lieu de Vente : *point of sale
  promotion*
p.m. *see* **time**
PME Petites et Moyennes Entreprises : *small and
  medium-sized businesses*
PMI Petites et Moyennes Industries : *small and
  medium-sized industries*
PMU Pari Mutuel Urbain : *state-controlled betting
  (horse-racing)*
PNB Produit National Brut : *GNP*
pocket une poche
poids lourds semi-trailer trucks
point le point
   four point six quatre virgule six
   there are three points to be discussed il y a trois
   points à discuter
   that's a very important point c'est un point
   essentiel
   point 16 on the list la rubrique 16 de la liste
   **we'd like to draw your attention to the following
   points** nous aimerions attirer votre attention sur
   les points suivants
   he has a point son argument est valable
   from our/your point of view de notre/votre point
   de vue
   could you point to it? pouvez-vous l'indiquer ?
   point of sale un point de vente
   at point of sale au point de vente
   point of sale material le matériel de publicité au
   point de vente
police la police
   get the police appelez la police
policeman un agent de police
police station le commissariat

---

au [oh], ç [s], ch [sh], e [uh, eh], é [ay], è [eh], eau [oh]
-er [-ay], eu [er], -ez [-ay], gn [ny], i [ee], ou [oo], qu [k]
y [ee]; *see also pages iv–v*

policy (*of company*) la politique, la ligne de conduite
  (*insurance*) la police (d'assurance)
polish (*shoes*) du cirage
  could you polish my shoes? pouvez-vous cirer
  mes chaussures ?
polite poli(e)
politics la politique
poll (*opinion-*) un sondage
polluted pollué(e)
pompiers firemen
pool (*swimming*) une piscine
poor pauvre
  poor quality de qualité médiocre
popular apprécié(e) du public
  a very popular line une gamme très appréciée
port dû freight collect
portefeuille portfolio, investments
porter (*at station, etc.*) un porteur
porteur : au porteur to bearer
port payé freight paid
Portugal le Portugal
Portuguese portugais(e)
position une position
  I'm not in a position to say je ne suis pas en
  mesure de le dire
positive positif(-ive)
  a positive response une réaction positive
possession: the goods will be in your possession vous
  recevrez les marchandises
possibility la possibilité
possible possible
  a possible development might be . . . une
  conséquence éventuelle serait . . .
  as . . . as possible aussi . . . que possible
  could you possibly . . . ? est-ce que vous
  pourriez . . . ?
post (*job*) un poste, un emploi
postage l'affranchissement *m*
postage rates le tarif postal
postcard une carte postale

poste item (on account)
poster une affiche
post office un bureau de poste
postpone ajourner, remettre
potential potentiel(le)
    it has a lot of potential ça offre des possibilités
    intéressantes
pound une livre
» conversion: pounds ÷ 11 × 5 = kilos

pounds	1	3	5	6	7	8	9	11
kilos		0.45	1.4	2.3	2.7	3.2	3.6	4.1	5

NB: a French pound = 500 grams
pour for
pourboire tip
poussez push
power: purchasing power le pouvoir d'achat
practical pratique
précautions avant usage handle with care
precedent précédent(e)
prefer: I prefer this one je préfère celui-ci
    I'd prefer to . . . j'aimerais mieux . . .
    I'd prefer a . . . je préférerais un (une)
premises les locaux
    on the premises sur place
premium une prime
    premium offer une offre spéciale
present: at present en ce moment
presentation (of new product) la présentation
president le président
press: could you press these? est-ce que vous pouvez
    repasser ces vêtements ?
    the Press la presse
pressure: you'll have to put more pressure on them
    il faudra que vous fassiez pression sur eux
    he's under a lot of pressure il est sollicité de
    toutes parts

---

au [oh], ç [s], ch [sh], e [uh, eh], é [ay], è [eh], eau [oh]
-er [-ay], eu [er], -ez [-ay], gn [ny], i [ee], ou [oo], qu [k]
y [ee]; see also pages iv–v

prestation *service, cover, performance*
prêt *loan*
pre-tax avant impôt
pretty joli(e)
   it's pretty good c'est pas mal du tout
previous précédent(e)
   at our previous meeting lors de notre réunion
   précédente
   the previous agreement l'accord précédent,
   l'accord antérieur
price un prix
   your prices are very reasonable/high vos prix
   sont très raisonnables/élevés
price list le tarif
pricing policy la politique des prix
pricing structure la structure des prix
prime *premium*
principal (*of order*) le mandant
   (*of investment, debt*) le capital
print (*verb*) imprimer
   (*of negative*) une épreuve
   (*reproduction, etc.*) une illustration
   we enclose a color print of . . . veuillez trouver
   ci-joint une illustration couleur de . . .
printed matter des imprimés
printer (*person*) un imprimeur
   (*machine*) une imprimante
print-out un listing
prior: I have a prior engagement j'ai un engagement
   antérieur
priorité (à droite) *right-of-way (to vehicles coming
   from the right)*
priority la priorité
   it's not a priority ce n'est pas prioritaire
   in order of priority par ordre de priorité
   will you treat this as a priority? pouvez-vous
   considérer ceci comme prioritaire ?
private privé(e)
   a private discussion un entretien privé
   a private meeting une réunion privée

a private company une société à responsabilité limitée

privatize privatiser

prix d'achat purchase price

prix de revient cost price

prix de vente retail price, selling price

probably probablement

    probably not c'est peu probable

problem un problème

    no problem c'est sans problème

procedure la procédure, la marche à suivre

proceedings: we shall initiate proceedings against you/them nous intenterons une action en justice contre vous/eux, nous vous/les poursuivrons en justice

process un processus, une opération

    it's being processed right now on s'en occupe en ce moment

procès-verbal minutes; *(parking, etc.) ticket*

procuration proxy, power of attorney

produce *(verb)* fabriquer, produire

product un produit

production la production

    we start production on . . . nous commençons la production le . . .

production manager le directeur de la production

produits products; *proceeds, profits*

professional: it's a very professional piece of work c'est du travail de professionnel

    not a very professional approach une méthode pas très professionnelle

profit le profit, le bénéfice

profitability la rentabilité

profitable rentable

profit and loss account le compte de résultats

profit margin la marge bénéficiaire

---

au [oh], ç [s], ch [sh], e [uh, eh], é [ay], è [eh], eau [oh]
-er [-ay], eu [er], -ez [-ay], gn [ny], i [ee], ou [oo], qu [k]
y [ee]; *see also pages iv–v*

profit-sharing l'intéressement m, la participation aux
    bénéfices
pro forma invoice une facture pro forma
program (*plan*) un programme
progress: we are making good progress nous
    progressons de façon satisfaisante
    what progress have you made? quels progrès
    avez-vous faits ?
project un projet
promise: do you promise? est-ce que vous le
    promettez ?
    I promise je promets, d'accord
promissory note un billet à ordre
promote (*product*) promouvoir
    (*employee*) donner de l'avancement à
    it's been well/badly promoted ça a été bien/mal
    lancé, la promotion a été bien/mal faite
promotion (*of product*) la promotion
    for promotional purposes à des fins de promotion,
    pour la promotion
pronounce: how do you pronounce it? comment
    est-ce que ça se prononce ?
properly correctement
property la propriété
proposal une offre, une proposition
propriétaire owner
prospectus leaflet, folder
protect protéger
proud fier (fière)
    we are proud of our record nous sommes fiers de
    nos résultats/réalisations
prove: I can prove it je peux le prouver
provide fournir
    we'll provide you with ... nous vous
    fournirons ...
provided ... à condition que ...
provisional (*temporary*) provisoire
provisionally provisoirement
provisions reserves
proviso une condition

Pte *on Paris map:* Porte
PTT, P & T Postes et Télécommunications : *the Post Office*
public: the public le public
    to create more public awareness focaliser l'attention du public
    to monitor the public's reaction suivre de près la réaction du public
    public company une société anonyme
    to go public émettre des actions publiques
public holiday un jour férié
» *TRAVEL TIP: public holidays are:*
New Year's Day *le Nouvel An*
Good Friday *Vendredi-Saint*
Easter Monday *le lundi de Pâques*
May Day *le premier mai*
Ascension Day *l'Ascension*
Whit Monday *(day after Pentecost) le lundi de Pentecôte*
Christmas Day *Noël*
there is also:
l'Armistice (8 mai-1945)
la Fête Nationale (le 14 juillet)
l'Assomption (15 août)
la Toussaint (le premier novembre)
l'Armistice (11 novembre-1918)
and in Switzerland:
la Fête Nationale (le premier août)
publicity la publicité
publicity budget le budget publicitaire
publicity campaign la campagne de publicité
publicity manager le chef de la publicité
publicity material le matériel publicitaire
pull tirer
punctual ponctuel(le)
puncture une crevaison

---

au [oh], ç [s], ch [sh], e [uh, eh], é [ay], è [eh], eau [oh]
-er [-ay], eu [er], -ez [-ay], gn [ny], i [ee], ou [oo], qu [k]
y [ee]; *see also pages iv–v*

purchase (*noun*) un achat
  (*verb*) acheter
purchase order un bon de commande
pure pur(e)
purple violet(te)
purpose le but, l'intention *f*
  on purpose exprès
purse un porte-monnaie
push pousser
  we want to push this line hard nous voulons
  mettre l'accent sur la promotion de cette gamme
put: where can I put . . . ? où est-ce que je peux
  mettre . . . ?
  where have you put it? où est-ce que vous l'avez
  mis ?
  where do I put it? où est-ce que je le mets ?
  we want to put the deadline back nous aimerions
  repousser la date limite
PV Procès-Verbal : (*parking/speeding, etc.*) *ticket*

Q

QG Quartier Général : *HQ*
quai platform, track (railroad)
  à quai ex quay
qualified: I'm not qualified to comment je ne suis pas
  qualifié pour donner mon avis
qualified acceptance une acceptation assortie de
  conditions, une acceptation conditionnelle
qualitative qualitatif(-ive)
quality la qualité
quality control le contrôle de la qualité
quality control department le service contrôle qualité
quantitative quantitatif(-ive)
quantity: what sort of quantity do you envisage?
  quelle quantité envisagez-vous ?
quarter (*3 months*) un trimestre, trois mois
  quarterly trimestriel(le)
  (*done, occurring*) tous les trois mois, chaque
  trimestre

a quarter of an hour un quart d'heure
  see also **time**
query une question
question une question
  do you have any other questions? avez-vous
  d'autres questions ?
questionnaire un questionnaire
quick rapide
  that was quick ça a été rapide
quiet: a quiet time of the year une période calme de
  l'année
quite assez
  quite a lot beaucoup
quittance receipt
quota le quota, le contingent
quotation, quote un devis
  (*binding*) une cotation
quote: we'd like to quote on ... nous aimerions vous
  fournir une cotation pour ...
  at the price we quoted au prix fixé
quote-part share (*of ...*)

R

r. rue : *street*
rabais discount, rebate
radio la radio
rail: by rail en train
  (*send goods*) par train
rain la pluie
  it's raining il pleut
raincoat un imperméable
raise: to raise funds, capital se procurer des fonds,
  trouver des capitaux
  to raise the interest rate augmenter le taux
  d'intérêt

---

au [oh], ç [s], ch [sh], e [uh, eh], é [ay], è [eh], eau [oh]
-er [-ay], eu [er], -ez [-ay], gn [ny], i [ee], ou [oo], qu [k]
  y [ee]; *see also pages iv–v*

range (*of products*) une gamme
   a new range une nouvelle gamme
rappel *on traffic signs: reminder*
rare rare
   (*steak*) saignant(e)
rate: the rate of exchange le taux de change, le cours
   du change
   our rates for this year nos tarifs pour cette année
   the rate of increase/growth le taux de croissance
   at a monthly rate of 2% à un taux mensuel de 2%
   at any rate quoi qu'il en soit, de toute façon
rather: I'd rather have a . . . je préférerais un
   (une) . . .
   I'd rather not j'aimerais mieux pas
   it's rather expensive c'est plutôt cher
RATP Régie Autonome des Transports Parisiens :
   the Paris Public Transport Authority
raw materials les matières premières
razor un rasoir
razor blades des lames de rasoir
reach (*agreement*) arriver à, aboutir à
read: read it lisez-le
   something to read quelque chose à lire
ready: when will it be ready? quand est-ce que ce
   sera prêt ?
real (*genuine*) véritable
   the real cost le coût réel
réalisable *cashable; feasible*
really vraiment
reason une raison
   there are several reasons why . . . il y a plusieurs
   raisons au fait que . . . , . . . pour plusieurs raisons
reasonable raisonnable
receipt un reçu, une quittance
   (*in restaurant, etc.*) une note
   can I have a receipt, please? est-ce que je peux
   avoir une quittance, s'il vous plaît ?
   we are in receipt of . . . nous avons reçu . . .
   please acknowledge receipt (of . . .) veuillez
   accuser réception de . . .

upon receipt of ... dès réception de ...
receive (*goods, order*) recevoir
recently récemment
récépissé receipt
reception la réception
  at reception à la réception
receptionist le(la) réceptionniste
recession la récession
réclamation complaint
recognize reconnaître
recommandé registered (*mail*)
recommend: can you recommend ... ? pouvez-vous
  recommander ... ?
reconsider: we are willing to reconsider nous
  sommes prêts à réexaminer
record un record
  in record time en un temps record
  a record level un niveau record
  this is strictly off the record ceci est strictement
  confidentiel
  please keep a record of ... veuillez noter ...
  n'oubliez pas de noter ...
  they have an excellent record leurs résultats
  passés sont excellents
reçu receipt
recycle recycler
red rouge
  the company's in the red la société est en déficit
  we are now out of the red nous ne sommes plus
  en déficit
reduce diminuer, réduire
reduction une diminution, une réduction
  reduction in force (*RIF*) diminuer le personnel
réduction discount
refer: we refer to your recent letter nous nous
  référons à votre récente lettre

---

au [oh], ç [s], ch [sh], e [uh, eh], é [ay], è [eh], eau [oh]
-er [-ay], eu [er], -ez [-ay], gn [ny], i [ee], ou [oo], qu [k]
y [ee]; *see also pages iv–v*

reference: with reference to . . . en référence à . . .
    our/your reference nos/vos références
reference number la référence
refuse: I refuse je refuse
    they are refusing to pay ils refusent de payer
regard: with regard to . . . en ce qui concerne . . . ,
    pour ce qui est de . . .
    regarding your inquiry en ce qui concerne votre
    demande
    as regards price/quality en ce qui concerne le
    prix/la qualité
region une région
    in this region dans cette région
    in the region of \$5,000.00 aux environs de cinq
    mille dollars
registered: I want to send it registered je voudrais
    l'envoyer en recommandé
règlement settlement; regulation
règlement judiciaire liquidation, receivership
regret: I very much regret that . . . je regrette
    beaucoup de/que . . .
    we regret what has happened nous regrettons ce
    qui est arrivé
regular régulier(-ière)
regulations le règlement
relations: the relations between our two companies
    les rapports entre nos deux sociétés
    in the interest of good relations dans l'intérêt de
    nos rapports, afin de favoriser de bonnes relations
relationship les relations, rapports
relevant: the relevant . . . le(la) . . . approprié(e)
    that's not relevant ça n'a pas de rapport, ça n'a
    rien à voir (avec . . .)
relevé statement
reliable (*product*) fiable
    they are reliable on peut compter sur eux, on
    peut leur faire confiance
rely: you can rely on it vous pouvez compter dessus
remaining: the remaining work le travail restant, le
    travail qui reste (à faire)

remember: don't you remember? vous ne vous
souvenez pas ?, vous ne vous rappelez pas ?
I'll always remember je m'en souviendrai
toujours
if I remember correctly ... si je me souviens
bien ...
remind: we would remind you that ... nous
aimerions vous rappeler que ...
reminder un rappel
final reminder un dernier rappel
remise allowance, discount
renew (contract, etc.) renouveler
renseignements information
rent: can I rent a car? est-ce que je peux louer une
voiture ?
YOU MAY THEN HEAR ...
un forfait kilométrique *mileage charge*
repair: can you repair it? est-ce que vous pouvez
le(la) réparer ?
repeat: could you repeat that? est-ce que vous
pouvez répéter ?
repeat order une commande renouvelée
replace replacer
reply (noun) une réponse
(verb) répondre
in reply to ... en réponse à ...
report (noun) un rapport
our annual report notre rapport de gestion annuel
we shall report back to you nous vous
présenterons un rapport
whom does he report to? quel est son supérieur
hiérarchique ?
report à nouveau balance brought forward, "retained
profit"
representative un représentant
reprocess recycler

---

au [oh], ç [s], ch [sh], e [uh, eh], é [ay], è [eh], eau [oh]
-er [-ay], eu [er], -ez [-ay], gn [ny], i [ee], ou [oo], qu [k]
y [ee]; *see also pages iv–v*

reputation la réputation
request (*noun*) une demande
　(*verb*) demander
　on request sur demande
requirements: we hope this meets your requirements
　nous espérons que ceci répondra à vos besoins
　our present stock requirements nos besoins
　actuels de stocks
RER Réseau Express Régional : *Greater Paris express*
　commuter network; one of the best ways into Paris
　from Charles-de-Gaulle airport: take the "navette"
　(shuttle bus) to the "gare SNCF/RER," then direct
　via "Gare du Nord."
rescue sauver
research la recherche
research and development department le service de
　recherche et développement
reservation une réservation
　I want to make a reservation for ... (*hotel*) je
　voudrais faire une réservation pour ...
　(*theater*) je voudrais réserver une place pour ...
reserve: can I reserve a seat/table? est-ce que je
　peux réserver une place/table ?
　we reserve the right to ... nous nous réservons le
　droit de ...
　see also **book**
réserve légale statutory reserves
resign: he's resigned il a donné sa démission
responsibility: this is your responsibility c'est à vous
　de vous en occuper
　we cannot accept responsibility nous déclinons
　toute responsabilité
responsible responsable
rest le reste
　you keep the rest vous pouvez garder le reste
restaurant un restaurant
result: as a result of this en conséquence
　the year's results les résultats de l'année écoulée
　excellent results des résultats excellents
résumé un curriculum vitae

retailer un détaillant
retail price le prix de détail
retail outlet un point de vente (au détail)
retired à la retraite
return: a return (ticket) to (*a round-trip ticket to . . .*)
 . . . un aller-retour pour . . .
　by return mail par retour du courrier
　by return telex par télex retour
　the return on this investment la rentabilité de cet
　investissement
　if the returns are satisfactory si les rentrées sont
　satisfaisantes
　we are returning the substandard specimens nous
　vous renvoyons les exemplaires de qualité
　inférieure
réunion meeting
revenu income
revise (*plan*) réviser
rez-de-chaussée ground floor
RF République Française : (*the*) French Republic
rich riche
ridiculous ridicule
right: you don't have the right to . . . vous n'avez pas
　le droit de . . .
　that's right c'est juste
　you're right vous avez raison
　on the right à droite
　right here ici même
　right away immédiatement
rights les droits
　we keep all the rights nous réservons tous droits
　if we grant you the manufacturing rights si nous
　vous cédons les droits de fabrication
rip off: it's a rip-off c'est du vol organisé
rise (*in prices, costs*) une augmentation
ristourne cash discount

---

au [oh], ç [s], ch [sh], e [uh, eh], é [ay], è [eh], eau [oh]
-er [-ay], eu [er], -ez [-ay], gn [ny], i [ee], ou [oo], qu [k]
　　　y [ee]; *see also pages iv–v*

riverains local residents
RN Route Nationale : *main road*
road une route
   which is the road to . . . ? quelle est la route
   pour . . . ?
rob: I've been robbed on m'a dévalisé(e)
room une chambre
   there isn't enough room il n'y a pas assez de place
   have you got a (single/double) room? est-ce que
   vous avez une chambre (pour une personne/deux
   personnes) ?
   for one night/for three nights pour une nuit/trois
   nuits
   YOU MAY THEN HEAR . . .
   avec ou sans salle de bains ? *with or without bath?*
   avec douche ? *with shower?*
   pour combien de personnes ? *for how many*
   people?
   pour combien de temps ? *for how long?*
   désolé, c'est complet *sorry, no vacancies*
room service le service des chambres
roughly approximativement
roulez lentement go slowly
round: in round figures en chiffres ronds
   to round a figure off arrondir un chiffre
   a round-trip ticket to un aller-retour pour
route un itinéraire
   please specify delivery route veuillez indiquer
   l'itinéraire pour la livraison
   by the usual sea route par la route maritime
   habituelle
routier: relais routier truck stop
» TRAVEL TIP: *"relais routiers" are good and*
   relatively inexpensive restaurants; don't hesitate to
   try them: look for the red and blue circular sign.
royalty les droits d'auteur
rubber du caoutchouc
rubber band un élastique
rubrique item, heading
rude impoli(e)

rum du rhum
   rum and Coke® un rhum coca
run: a run on the market une demande soudaine,
   une montée soudaine de la demande
Russia la Russie
Russian russe

S

SA Société Anonyme : *corporation*
sad triste
   we are sad to hear that . . . nous sommes désolés
   d'apprendre que . . .
safe (*strong box*) un coffre(-fort)
   (*operation*) sans danger
   is it safe? est-ce qu'il y a des risques ?
safety la sécurité
salary un salaire
sale la vente
   they're not for sale ils ne sont pas à vendre
sales les ventes
   sales are improving/dropping off les ventes
   progressent/diminuent
   volume of sales le volume des ventes
   total sales for the past year le total des ventes
   pour l'année écoulée
sales campaign une campagne de vente
sales department le service des ventes
sales director le directeur des ventes
sales drive une campagne de ventes, une relance des
   ventes
salesman un vendeur
   you're a good salesman vous êtes bon vendeur,
   vous êtes doué pour la vente
sales manager le responsable des ventes

---

au [oh], ç [s], ch [sh], e [uh, eh], é [ay], è [eh], eau [oh]
-er [-ay], eu [er], -ez [-ay], gn [ny], i [ee], ou [oo], qu [k]
       y [ee]; *see also pages iv–v*

sales-oriented: a more sales-oriented approach une approche plus orientée vers la vente

sales outlet un point de vente

sales target un objectif de vente

saleswoman une vendeuse

salle à manger dining room

salle d'attente waiting room

same: the same le(la) même, (*plural*) les mêmes

the same again, please! la même chose, s'il vous plaît !

sample un échantillon

the sample models les échantillons

SARL Société à responsabilité limitée : *limited liability company*

satisfaction: to our/your complete satisfaction à notre/votre entière satisfaction

satisfactory satisfaisant(e)

a very satisfactory solution une solution très satisfaisante

your performance is not satisfactory vos résultats ne sont pas satisfaisants

satisfy: we are not satisfied with ... nous ne sommes pas satisfaits de ...

we hope you will be satisfied with ... nous espérons que vous serez satisfait de ...

we are not satisfied that everything possible has been done nous ne sommes pas convaincus que tout ait été fait

Saturday samedi

save: this way we save $5,000.00 de cette façon, nous économisons cinq mille dollars

it saves a lot of trouble cela épargne bien des ennuis

in order to save time afin de gagner du temps

saving: a considerable saving in costs/time une économie considérable de frais/de temps

savings account un compte d'épargne

say: how do you say ... in French? comment est-ce qu'on dit ... en français ?

what did he say? qu'est-ce qu'il a dit ?

what do you say to that? qu'en pensez-vous ?
do we have a say in ...? est-ce que nous avons
notre mot à dire en ce qui concerne ...?
schedule un programme
on schedule conforme aux prévisions (*train, etc.*) à
l'heure
we are on schedule nous sommes dans les temps
we are ahead of schedule nous sommes en avance
sur le programme
behind schedule en retard
scheduled for ... prévu pour ...
scheduled flight un vol régulier
scissors: a pair of scissors une paire de ciseaux
scope (*of project, etc.*) l'étendue *f*, le champ
that's beyond the scope of these talks cela sort du
cadre de ces discussions
Scot un Ecossais (une Ecossaise)
Scotland l'Ecosse
Scottish écossais(e)
screen un écran
sea la mer
by sea par mer
sea freight le fret maritime
season une saison
in the high/low season en haute/basse saison
seat une place
is this somebody's seat? est-ce que cette place est
occupée ?
seat belt une ceinture de sécurité
second (*2nd*) deuxième, second(e)
(*time*) une seconde
just a second un instant, s'il vous plaît
second class en seconde
second hand d'occasion
seconds (*goods*) des articles de qualité inférieure
secretary une secrétaire

---

au [oh], ç [s], ch [sh], e [uh, eh], é [ay], è [eh], eau [oh]
-er [-ay], eu [er], -ez [-ay], gn [ny], i [ee], ou [oo], qu [k]
y [ee]; *see also pages iv–v*

(*corporate secretary*) le secrétaire général
sector: in the private/public sector dans le secteur
  privé/public
secure (*an order*) assurer
  (*a loan*) garantir
security (*for loan*) une caution
  (*of premises, etc.*) la sécurité
see voir
  oh, I see je comprends, je vois
  have you seen . . . ? est-ce que vous avez vu . . . ?
  can I see the samples? est-ce que je peux voir les
  échantillons ?
  I'd like to see your figures j'aimerais voir vos
  chiffres
  see you tomorrow/next week à demain/la
  semaine prochaine
seem: it seems . . . cela semble . . .
  it seems so il semble bien
seldom rare
selection (*of goods*) un choix
self-financing autofinancé(e)
self-service (*shop*) un libre-service
  (*restaurant*) un self-service
sell vendre
  to sell something to somebody vendre quelque
  chose à quelqu'un
  if you can sell them the idea si vous pouvez les
  en convaincre
  they are selling well/slowly ils se vendent
  bien/lentement
semiannually semestriel(le)
send envoyer
  I'll send one to you je vais vous en envoyer un
  would you send us some samples? pourriez-vous
  nous envoyer quelques échantillons ?
  the goods are to be sent by container les
  marchandises seront envoyées/expédiées par
  conteneur
  send it by mail envoyez-le (la) par la poste
sender l'expéditeur *m*

sens unique "*one-way*" (*traffic*)
separate: under separate cover sous pli séparé
   that's a separate matter c'est une autre question
   it's a separate company c'est une société
   indépendante
separately séparément
September: in September en septembre
serial number un numéro de série
series une série
   (*line of products*) une collection
   a new series une nouvelle collection
serious sérieux(-euse)
   I'm serious je ne plaisante pas
   this is serious c'est grave
service: is service included? est-ce que le service est
   compris ?
   we're not satisfied with the service we're getting
   nous ne sommes pas satisfaits du service clients
   we are pleased to be of service to you nous
   sommes heureux de vous être utiles
   his service to the company sa contribution à la
   marche de la société
   it's all part of the service cela fait partie du
   service
service contract un contrat d'entretien
service industries le secteur tertiaire
service manual un manuel d'entretien
service station une station service
set (*adjust*) régler
   a set of new parts un jeu/assortiment de pièces
   de rechange
   let's set a date fixons une date
settle: I want to settle this before I leave j'aimerais
   régler ça avant de partir
   please settle your account veuillez régler votre
   facture

au [oh], ç [s], ch [sh], e [uh, eh], é [ay], è [eh], eau [oh]
-er [-ay], eu [er], -ez [-ay], gn [ny], i [ee], ou [oo], qu [k]
y [ee]; *see also pages iv–v*

please settle within 30 days veuillez régler dans les trente jours

settlement: a satisfactory settlement un règlement satisfaisant

in settlement of our account en règlement de notre compte

we look forward to receiving your settlement dans l'attente de votre règlement

settlement discount une remise

set up (*company*) constituer

several plusieurs

SGDG Sans Garantie Du Gouvernement : *not officially approved by French Standards Body*

shake secouer

to shake hands with ... serrer la main à ...

let's shake on it! affaire conclue !

» *TRAVEL TIP: shaking hands is common on meeting and leaving somebody.*

shame: what a shame! quel dommage !

shampoo un shampooing

shape la forme

shape up: it's shaping up well ça prend forme, c'est en bonne voie

share une part

(*equity*) une action

(*verb*) partager

we must share the blame nous en partageons la responsabilité

sharecapital le capital actions

shareholder un actionnaire

shaver un rasoir

shaving cream de la mousse à raser

she elle

sheet of paper une feuille (de papier)

shelf une étagère

sherry un xérès

ship un bateau

(*send*) expédier

by ship par bateau

the goods will be shipped to you next week les

marchandises vous seront expédiées la semaine
prochaine
they'll be ready for shipping ils seront prêts à
l'expédition
shipment: the next shipment of . . . la prochaine
expédition de . . .
they will be ready for shipment on . . . ils seront
prêts à l'expédition le . . .
each shipment chaque envoi
shipping agent l'agent maritime
shipping date la date d'expédition
shipping documents les documents maritimes
shipping instructions les instructions pour
l'expédition
shirt une chemise
shock un choc
shoes des chaussures *f*
shop un magasin
I've some shopping to do j'ai des courses à faire
short court(e)
on short notice à bref délai
I'm three short il m'en manque trois
in the short term à court terme
shortage: a shortage of . . . une pénurie de . . .
short cut un raccourci
shortfall (*in figures, supplies*) un déficit
show: the items on show les articles exposés
please show me . . . veuillez me montrer . . .
we were shown around the factory on nous a fait
visiter l'usine
showcase une vitrine
shower: with shower avec douche
showroom le magasin d'exposition
shrink-wrapped emballé (à chaud) sous film
plastique
shut fermer, (*closed*) fermé(e)

---

au [oh], ç [s], ch [sh], e [uh, eh], é [ay], è [eh], eau [oh]
-er [-ay], eu [er], -ez [-ay], gn [ny], i [ee], ou [oo], qu [k]
y [ee]; *see also pages iv–v*

when do you shut? quand est-ce que vous
fermez ?
SICAV Société d'Investissement à Capital Variable :
mutual trust
sick malade
    I feel sick je ne me sens pas bien
side le côté, **on this side** de ce côté
    he does that on the side il fait ça à côté
    we're on your side nous sommes de votre côté,
nous sommes avec vous
    side street une rue adjacente
    by the side of the road au bord de la route
sight: payable at sight payable à vue
    three days after sight à trois jours de vue
sight draft une traite à vue
sign (*notice*) un écriteau
    please sign here veuillez signer ici
    to sign a contract signer un contrat
    it's not signed ce n'est pas signé
    I'm not signing that! je ne signerai pas ça !
signature une signature
silly stupide
silver l'argent m
similar semblable
simple simple
since: since last week depuis la semaine dernière
    since they want to get started now puisqu'ils
veulent commencer maintenant
sincere sincère
    sincerely yours meilleures salutations ; *see also*
letter
single: single room une chambre pour une personne
    I'm single je suis célibataire
    a single/two singles to ... un aller/deux aller
pour ...
sit: may I sit here? est-ce que je peux m'asseoir ici ?
site: a good/pleasant site un bon emplacement
situation la situation
    the financial/economic situation la situation
financière/économique

in the present situation dans la conjoncture actuelle

a cut-back situation une situation de récession

situation position

size la taille, les dimensions

skill le talent, le savoir-faire

skilled worker un ouvrier professionnel

skirt une jupe

slash: "2 slash 4" deux-barre-quatre

sleep: I can't sleep je ne peux pas dormir

sleeping car (*train*) un wagon-lit

sleeping pill un somnifère

slide (*photo*) une diapositive

slide presentation une présentation de diapos

sliding scale une échelle mobile

slow lent(e)

that's too slow c'est trop lent

you're slowing down vous ralentissez

could you speak a little slower? est-ce que vous pouvez parler un peu plus lentement ?

small petit(e)

small change de la petite monnaie

smell l'odeur *f*

SMIC Salaire Minimum Interprofessionel de Croissance : *minimum wage*

SMIG Salaire Minimum Interprofessionel Garanti : *now superseded by the SMIC*

smoke la fumée

do you smoke? est-ce que vous fumez ?

can I smoke? est-ce que je peux fumer ?

» *TRAVEL TIP: smoking is prohibited in France in public buildings, on public transport, and in movie theaters.*

smooth lisse

please try to smooth things over essayez d'arranger les choses

---

au [oh], ç [s], ch [sh], e [uh, eh], é [ay], è [eh], eau [oh]
-er [-ay], eu [er], -ez [-ay], gn [ny], i [ee], ou [oo], qu [k]
y [ee]; *see also pages iv–v*

it all went very smoothly cela s'est très bien passé
snack un snack, un casse-croûte
SNCF Société Nationale des Chemins de Fer
    Français : *the French Railroads*
snow la neige
so: so expensive si cher
    not so much pas tant
soap du savon
sober: he wasn't sober il avait bu
social: it's a social visit je ne viens pas pour affaires
social security la Sécurité Sociale
société company
soda (water) de l'eau de Seltz
SOFRES Société Française d'Enquêtes pour le
    Sondage : *opinion poll*
soft drink une boisson sans alcool
soft sell une publicité discrète, une technique de
    vente en douceur
software le logiciel
soins d'urgence emergencies, first aid
solde balance
soldes sale
sole: sole agency l'exclusivité *f*
sole agent un agent exclusif
sole rights les droits exclusifs
solution une solution
some: can I have some water/pepper? pourriez-vous
    m'apporter de l'eau/du poivre ?
    can I have some cigars? pourriez-vous m'apporter
    des cigares ?
    can I have some? est-ce que je peux en avoir ?
    can I have some more? est-ce que je peux en
    avoir encore ?
    can I have some leaflets? est-ce que je peux avoir
    quelques dépliants ?
    some people think that . . . certains estiment
    que . . .
somebody quelqu'un
something quelque chose
sometime à un moment ou à un autre, à l'occasion

sometimes quelquefois
somewhere quelque part
somme total
sondage opinion poll, survey
sonnez et entrez please ring and enter
soon bientôt
  as soon as possible dès que possible
sooner plus tôt
sore: I have a sore throat j'ai mal à la gorge
sorry: I'm sorry to hear . . . nous sommes désolés
  d'apprendre . . .
sort: this sort cette sorte
  what sort of . . . ? quelle sorte de . . . ?
  could you sort these out? pourriez-vous les trier ?
  will you sort it out? pouvez-vous arranger ça ?
sortie de secours emergency exit
so so comme ci, comme ça
soumission tender (bid)
sound: it sounds interesting ça a l'air intéressant
south le sud
South Africa l'Afrique du Sud
South America l'Amérique du Sud
souvenir un souvenir
space: should there be extra space in the container
  s'il y a de la place en plus dans le conteneur, s'il
  reste de la place dans le conteneur
  for reasons of space pour des raisons de place
Spain l'Espagne
Spanish espagnol(e)
spare: spare part une pièce détachée, une pièce de
  rechange
speak: do you speak English? est-ce que vous parlez
  anglais ?
  I don't speak French je ne parle pas français
special spécial(e)
  special case un cas particulier

---

au [oh], ç [s], ch [sh], e [uh, eh], é [ay], è [eh], eau [oh]
-er [-ay], eu [er], -ez [-ay], gn [ny], i [ee], ou [oo], qu [k]
y [ee]; *see also pages iv–v*

special terms des conditions spéciales
special: a special operation/order une
opération/commande isolée
  we'll do this one as a special order il nous faudra
le faire spécialement
specialist un spécialiste, un expert
specialize: we specialize in . . . nous sommes
spécialisés dans . . .
specially (*especially*) surtout, particulièrement
specific spécifique, particulier(-ière)
specifications cahier des charges
specify spécifier, indiquer
  please specify time and place veuillez spécifier
l'heure et l'endroit
  please specify whether . . . veuillez indiquer si . . .
  the items specified in our order les articles
spécifiés dans notre commande
  at the specified time/place à l'heure indiquée/à
l'endroit indiqué
speed la vitesse
  please speed things up veuillez activer les choses
spell: how do you spell it? comment ça s'écrit ?
spend (*money*) dépenser
split (*costs, etc.*) fractionner, partager
spoon une cuillère
spot: our man on the spot notre correspondant sur
place
sprain: I've sprained my ankle je me suis foulé la
cheville
spring un ressort
  (*season*) le printemps
square (*in town*) une place
  (*not circular*) carré(e)
  2 square meters deux mètres carrés
staff le personnel
stage: the next stage l'étape suivante, le stade suivant
  at this stage in the negotiations au point où en
sont les négociations
stage training *session/period*
staggered payments des paiements échelonnés

stagnation la stagnation, le marasme
stairs les escaliers m
stamp un timbre, **two stamps for the U.S.** deux
timbres pour les Etats-Unis
» TRAVEL TIP: *in France you can buy stamps from
many newsstands and some cafés; look for the sign
"tabac-journaux" or "tabac."*
stand (*at fair*) un stand
we stand by what we said nous nous en tenons à
ce que nous avons dit
standard standard
(*norm*) une norme, un critère
the standard of work is not satisfactory la qualité
du travail n'est pas satisfaisante
U.S. standards les normes américaines
stand-by (*ticket*) un billet "stand-by"
standing order un ordre de virement permanent
star une étoile
a three/four/five-star hotel un hôtel à
trois/quatre/cinq étoiles, un hôtel de
troisième/deuxième/première catégorie
start commencer
at the start au commencement
my car won't start ma voiture ne démarre pas
when does it start? ça commence quand ?
starting next month à partir du mois prochain
statement (*bank—*) un relevé de compte
(*from supplier, etc.*) un relevé de factures
to make a statement on . . . faire un communiqué
sur . . .
statement of account un relevé de compte
station la gare
bus station la gare routière
stationnement interdit no parking
stationnement limité à restricted parking . . .
stay: we enjoyed our stay nous avons fait un très bon
séjour

---

au [oh], ç [s], ch [sh], e [uh, eh], é [ay], è [eh], eau [oh]
-er [-ay], eu [er], -ez [-ay], gn [ny], i [ee], ou [oo], qu [k]
y [ee]; *see also pages iv–v*

I'm staying at the Ritz/a friend's je séjourne au
  Ritz/chez un ami, je suis au Ritz/chez un ami
Sté Société : *company*
steady (*increase, improvement*) régulier(-ière),
  constant(e)
steak un steak
  YOU MAY HEAR ...
  à point *medium*
  bien cuit *well done*
  saignant *rare*
steep (*prices*) excessif(-ive)
steps: what steps are you taking? quelles mesures
  prendrez-vous ?
  we'll take the necessary steps nous prendrons les
  mesures nécessaires
sterling: in (pounds) sterling en livres sterling
still: is he still here? est-ce qu'il est encore là ?
  we're still waiting for them nous les attendons
  toujours
  they're still the best ils restent les meilleurs
stock le stock
  stock is running low les stocks s'épuisent
  they're out of stock ils ne l'ont plus en stock
  our current stock position notre niveau de stocks
  actuel
  we don't stock them any more nous ne les avons
  plus en stock, nous ne les tenons plus
stock control la gestion des stocks
Stock Exchange la Bourse
stock (shares) issue une émission prioritaire
stock level l'état des stocks
stock list l'inventaire *m*
stolen: my wallet's been stolen on m'a volé mon
  portefeuille
stomach: I've got a stomachache j'ai mal au ventre
  do you have something for an upset stomach?
  est-ce que vous avez quelque chose pour les
  indigestions ?
stone la pierre
stop: we intend to stop shipment unless ... nous

avons l'intention d'arrêter la livraison à moins
que . . .
please stop all work arrêtez la production
do you stop near . . . ? est-ce que vous vous
arrêtez près de . . . ?
stopover une escale
stoppage un arrêt de travail
store (*shop*) un magasin
(*goods*) entreposer
storm une tempête
straight droit(e)
go straight ahead continuez tout droit
let's get things straight mettons les choses au
point
we've always been straight with you nous avons
toujours été francs avec vous
straight up (*drink*) sec
strange étrange
stranger: I'm a stranger here je ne suis pas d'ici
strategy la stratégie
streamlined (*hull, etc.*) aérodynamique
a more streamlined operation une production
rationalisée
street une rue
stress: he's suffering from stress il est tendu, il
souffre de tension nerveuse
I want to stress the importance of . . . j'aimerais
souligner l'importance de . . .
strike une grève
stringent strict(e)
strong fort(e)
a strong dollar un dollar fort
study: I want to study the figures je voudrais étudier
les chiffres
stupid stupide
style le style

au [oh], ç [s], ch [sh], e [uh, eh], é [ay], è [eh], eau [oh]
-er [-ay], eu [er], -ez [-ay], gn [ny], i [ee], ou [oo], qu [k]
y [ee]; *see also pages iv–v*

subcontract: if you subcontract the work to . . . si vous donnez le travail en sous-traitance à . . .

subcontractor un sous-traitant

subject to . . . sous réserve de . . . , sujet à . . .

submit: to submit a report soumettre un rapport

subscriber un abonné (une abonnée)

subscription un abonnement

    to take out a subscription to . . . prendre un abonnement à . . .

subsidiary une filiale

subvention subsidy

subway le métro

succeed réussir

    if you succeed in improving sales si vous réussissez à améliorer les ventes

success le succès

    I wish you every success je vous souhaite sincèrement de réussir

successful (*trip*) réussi(e)

    a successful business une affaire qui marche très bien

succursale branch

such: such a lot tellement

    in such a hurry si rapidement

suddenly subitement

sue poursuivre en justice

    we intend to sue nous avons l'intention d'intenter un procès

    to sue for \$50,000.00 réclamer cinquante mille dollars de dédommagement en justice

suffer: sales have suffered les ventes ont souffert

sugar du sucre

suit (*man's*) un complet

    (*woman's*) un tailleur

suitable approprié(e)

    is that suitable? est-ce que ça vous convient ?

    not suitable for . . . qui ne convient pas à . . .

suitcase une valise

sum une somme

summary un résumé

summer l'été m
sun le soleil
Sunday dimanche
supermarket un supermarché
supersede: the model has been superseded by . . . ce
 modèle a été remplacé par . . .
supplier: our suppliers nos fournisseurs
supply fournir
 supply and demand l'offre et la demande
 continuity of supply la régularité de
 l'approvisionnement
 it's a supply problem c'est un problème
 d'approvisionnement
 our supplies are running out nos réserves
 s'épuisent
 a new source of supply une nouvelle source
 d'approvisionnement
 can you supply us with . . . ? pouvez-vous nous
 fournir . . . ?
 we can supply them at 20% discount nous
 pouvons les fournir avec 20% de réduction
 **the various services/products which we can
 supply** les différents services/produits que nous
 pouvons offrir
support: we need your support nous avons besoin de
 votre soutien
sur on, out of
sure: I'm not sure je ne suis pas sûr(e)
 are you sure? êtes-vous sûr(e) ?
 I'm sure you will like them je suis sûr qu'ils vous
 plairont
 please make sure that . . . vérifiez s'il vous plaît
 que . . .
surname le nom de famille
survey (*of market*) une enquête de marché
 (*of property*) une expertise

au [oh], ç [s], ch [sh], e [uh, eh], é [ay], è [eh], eau [oh]
-er [-ay], eu [er], -ez [-ay], gn [ny], i [ee], ou [oo], qu [k]
 y [ee]; see *also pages* iv–v

suspend (order) suspendre
SVP s'il vous plaît : *please*
Sweden la Suède
Swedish suédois(e)
Swiss suisse
  (person) un Suisse (une Suissesse)
switch un interrupteur
  to switch on/off allumer/éteindre
Switzerland la Suisse
  YOU MAY HEAR ...
  la Suisse romande *French-speaking Switzerland*
  la Suisse allemande *German-speaking Switzerland*
symbol le symbole
sympathetic: we are very sympathetic with your
  position nous comprenons fort bien votre position
syndic de faillite receiver (in bankruptcy)
syndicat d'initiative tourist office

T

tabac-journaux newsstand
table une table
  a table for 4 une table pour quatre
  table wine un vin de table, un vin ordinaire
tailor: tailored to your requirements conçu(e) en
  fonction de vos besoins
take prendre
  can I take this with me? est-ce que je peux
  emporter ça ?
  we'll take a thousand of each nous en prendrons
  mille de chaque
  will you take them back? est-ce que vous les
  rapporterez ?
  will you take me to the airport? est-ce que vous
  pouvez m'emmener à l'aéroport ?
  it will take 3 months ça prendra trois mois
  the plane takes off at ... l'avion part à ...
  to take out an insurance policy contracter une
  assurance

I'll take you up on that je m'en souviendrai, je
vous prends au mot
takeover une rachat, une prise de contrôle
takeover bid une offre publique d'achat (O.P.A.)
talk parler
talks les entretiens *m*
tampons les tampons *m*
tantièmes (director's) *percentage of profits*
tape une bande magnétique
tape recorder un magnétophone
target un objectif
   we're on target nous sommes dans les objectifs,
   nous respectons le programme
   we're below target nous ne faisons pas le
   programme, nous sommes en retard sur le
   programme
target date la date visée
target market le créneau visé, le marché visé
tariff un tarif
taste le goût, **it tastes terrible/very good** c'est
   mauvais/délicieux
le taux de l'intérêt rate of interest
tax: tax returns la déclaration d'impôts
   before tax avant impôt, brut(e)
   after tax après impôt, net(te)
taxable imposable
taxi un taxi
   will you get me a taxi? est-ce que vous pouvez
   m'appeler un taxi ?
   where can I get a taxi? où est-ce que je peux
   trouver un taxi ?
   YOU MAY SEE ...
   tête de station *taxi (cab) stand*
tea du thé
   could I have a cup of tea? est-ce que je peux
   avoir un thé ?

---

au [oh], ç [s], ch [sh], e [uh, eh], é [ay], è [eh], eau [oh]
-er [-ay], eu [er], -ez [-ay], gn [ny], i [ee], ou [oo], qu [k]
       y [ee]; *see also pages* iv–v

YOU MAY THEN HEAR . . .
un thé citron ? *tea with lemon*
un thé lait ? *tea with milk*
team l'équipe *f*
teamwork le travail d'équipe
technical technique
　the technical departments les services
　techniques *m*
technician un technicien
technology la technologie
telegram un télégramme
　I want to send a telegram je veux envoyer un
　télégramme
telephone le téléphone
　a (telephone) call une communication
　(téléphonique)
　may I make a phone call? est-ce que je peux
　téléphoner ?
　may I speak to . . . ? est-ce que je peux parler
　à . . . ?
　I'll telephone you when I get back je vous
　appellerai à mon retour
　as I mentioned on the telephone comme je le
　disais au téléphone
　further to our recent telephone conversation suite
　à notre dernière conversation téléphonique
telephone booth une cabine téléphonique
telephone directory l'annuaire du téléphone
» TRAVEL TIP: *you can phone from most cafés: pay at
counter or you may have to buy a "jeton" (token)
which you insert in the pay phone; there are now
more telephone booths, esp. in Paris (gray color):
insert coin before lifting receiver; to dial the U.S.:
19 01 + town prefix (from Switzerland or Belgium:
00 01, etc.); if you get somebody to call you back
from the U.S.: 011 plus town prefix (to Switzerland:
011 41, etc.; to Belgium 011 32, etc.); see numbers
on pages 173–175.*
YOU MAY HEAR . . .
qui est à l'appareil ? *who's speaking?*

c'est un faux numéro *sorry wrong number*
la ligne est occupée *the line is busy*
ne quittez pas, je vous passe … *hold the line, I'm putting you through to …*
television la télévision
  on television à la télévision
telex un télex
  by telex par télex
tell: could you tell me where …? est-ce que vous pouvez me dire où … ?
  could you tell him that … est-ce que vous pourriez lui dire que … ?
  as I told you at our last meeting comme je vous le disais à notre dernière réunion
  as I told your colleague comme je l'ai dit à votre collègue
temperature la température
temporary temporaire
tender (*bid*) une offre, une soumission
  we are interested in tendering for this contract nous comptons faire une soumission pour cette adjudication
  invitation to tender un appel d'offres
terminate (*agreement*) résilier
termination (*cancellation*) une résiliation (*expiration*) l'expiration *f*
terminus le terminus
terms (*payment*) les modalités *f*
  what are your terms? quelles sont vos conditions ?
  improved terms des conditions améliorées
  under the terms of the agreement suivant les termes du contrat
terrible terrible, affreux(-euse)
test un test
  it's still being tested c'est encore à l'essai

---

au [oh], ç [s], ch [sh], e [uh, eh], é [ay], è [eh], eau [oh]
-er [-ay], eu [er], -ez [-ay], gn [ny], i [ee], ou [oo], qu [k]
y [ee]; *see also pages iv–v*

TGV Train à Grande Vitesse : *High-Speed Passenger Train*
»   TRAVEL TIP: *very fast and very comfortable train (Paris-Lyon just over 2 hours, Paris-Geneva around 4 hours, etc.); 1st and 2nd class on all services; seat reservation is compulsory, but can be done at Gare de Lyon shortly before departure (automatic machines); there is an extra charge on some services.*

than que
 bigger/better than ... plus gros/meilleur que ...
thanks, thank you merci
 thank you very much merci beaucoup
 YOU MAY THEN HEAR ...
 je vous en prie *you're welcome*
 thank you for your letter merci de votre lettre
that ce (cette)
 that man/plane cet homme/avion
 I'd like that one j'aimerais celui-là (celle-là)
 I think that ... je crois que ...
 that was ... c'était ...
 what about that? et ça ?
the le(la), (*plural*) les
 the airport l'aéroport m
their *see* **my**
them: I know them je les connais
 give them ... donnez-leur ...
 will you give it to them? est-ce vous pouvez le(la) leur donner ?
 with them avec eux (elles)
then (*at that time*) à ce moment, alors
 (*after that*) ensuite
 (*therefore*) donc
there là
 how do I get there? comment est-ce qu'on y va ?
 there is/there are ... il y a ...
 is there/are there ...? est-ce qu'il y a ...?
 there isn't/aren't any ... il n'y a pas de ...
 there you are (*giving something*) voilà
these ces

can I take these? est-ce que je peux prendre
ceux-ci (celles-ci) ?
they ils (elles)
thick épais(se)
thin mince
thing une chose
  I've lost all my things j'ai perdu toutes mes
  affaires
think: I'll think it over je vais y réfléchir
  I think so je crois
  I don't think so je ne crois pas
  I think that . . . je crois que . . .
third troisième
thirsty: I'm thirsty j'ai soif
this ce (cette)
  this man/plane cet homme/avion
  can I have this one? est-ce que je peux avoir
  celui-ci (celle-ci) ?
  this is Mr. . . . je vous présente Monsieur . . . , voici
  Monsieur . . .
  is this . . . ? est-ce que c'est . . . ?
those ces
  how much are those? combien coûtent ceux-ci
  (celles-ci) ?
through à travers
Thursday jeudi
ticket (*train, plane, etc.*) un billet
  (*bus*) un ticket
  (*coat check*) un ticket, un numéro
» *TRAVEL TIP: see* **bus,** *métro*
tie (*necktie*) une cravate
  I'm tied up all day je suis pris toute la journée
  I want to get all the details tied down je voudrais
  qu'on règle tous les détails
tiers third, third party (or parties)
tight (*schedule*) serré(e)

---

au [oh], ç [s], ch [sh], e [uh, eh], é [ay], è [eh], eau [oh]
-er [-ay], eu [er], -ez [-ay], gn [ny], i [ee], ou [oo], qu [k]
y [ee]; *see also pages iv–v*

(*control*) sévère, strict(e)
(*margin*) étroit(e)
it's tight, but I think we'll make it c'est juste mais je crois que nous y arriverons
timbres **stamps**
time: what's the time? quelle heure est-il ?
at what time? à quelle heure ?
this time cette fois
last time/next time la dernière/prochaine fois
3 times trois fois
3 times as fast trois fois plus vite
I haven't got time je n'ai pas le temps
for the time being pour le moment
it takes a lot of time ça prend beaucoup de temps
to arrive in time arriver à temps
to arrive on time arriver à l'heure
it's a question of time c'est une question de temps
we need more time nous avons besoin de plus de temps
we cannot give you any more time nous ne pouvons pas vous donner plus de temps
have a good time! amusez-vous bien !
time and motion study une étude des cadences
it's time-consuming ça prend du temps
HOW TO TELL THE TIME
it's one o'clock il est une heure
it's 2 a.m./p.m. il est deux heures du matin/de l'après-midi
at 7 p.m. à sept heures du soir
2:05 deux heures cinq
2:15 deux heures et quart
2:30 deux heures et demie
2:40 trois heures moins vingt
2:45 trois heures moins le quart
timetable (*travel*) un horaire
(*program*) un calendrier
timing: the timing of the payments l'échelonnement des paiements
it's all a question of timing tout dépend du moment choisi

tip le pourboire
tiré drawee
tired: I'm tired je suis fatigué(e)
tireur drawer
tirez pull
tissues des Kleenex®
titre: au titre de ... as ...
titres stocks, securities
to: to the U.S. aux Etats-Unis
    to Paris à Paris
    give/show it to Mr. ... donnez-/montrez-le
    à M. ...
tobacco du tabac
today aujourd'hui
    a week/a month from today dans une semaine/un
    mois
together ensemble
    together with en même temps que, avec
    can we pay all together? est-ce que nous pouvons
    payer tout ensemble ?
toilet les toilettes
    where are the toilets? où sont les toilettes ?
tomato juice un jus de tomate
tomorrow demain
    tomorrow morning/afternoon/evening demain
    matin/après-midi/soir
    the day after tomorrow après-demain
    a week tomorrow demain en huit
ton une tonne
» *1 ton=907.2 kg*
    metric ton=1000 kg=2205 lbs.
tonic (water) un Schweppes®
tonight ce soir
too aussi
    too much/many (...) trop (de ...)
    that's too much c'est trop

---

au [oh], ç [s], ch [sh], e [uh, eh], é [ay], è [eh], eau [oh]
-er [-ay], eu [er], -ez [-ay], gn [ny], i [ee], ou [oo], qu [k]
y [ee]; *see also pages iv–v*

tool un outil
   we are still tooling up nous en sommes encore au stade de la mise en train
tooth: I've got a toothache j'ai mal aux dents
top: on top of ... en plus de ..., (on) sur
   on the top floor au dernier étage
   at the top en haut
   top management les cadres supérieurs
   our top salesman notre meilleur vendeur
topic un sujet
total le total
   that makes a total of ... cela fait un total de ...
totally complètement
touch: we'll get in touch with you nous vous contacterons, nous prendrons contact avec vous
   please get in touch with ... mettez vous en relation/rapport avec ...
   please keep in touch restez en contact
   if you could put me in touch with someone who ... si vous pouviez me mettre en rapport avec quelqu'un qui ...
tough (*competition, etc.*) serré(e), acharné(e) (*material*) solide, résistant(e)
towards vers
towel une serviette
town une ville
   in town en ville
   would you take me into town? est-ce que vous pouvez m'emmener en ville ?
trade le commerce
   people in the trade les spécialistes, les gens de la branche
trader un négociant, un marchand
trade secret un secret de fabrication
trade show exposition commerciale
trade union un syndicat
trading loss un déficit commercial
trading profit un bénéfice brut (d'exploitation)
trading surplus un surplus commercial
traditional traditionnel(le)

the traditional approach l'approche/la méthode
traditionnelle
traffic lights les feux (de circulation)
train un train, **by train** en train
» *TRAVEL TIP: there are extra charges on some*
inter-city trains ("trains avec supplément").
trainee un stagiaire
training l'apprentissage, la formation
training period un stage
traite draft, bill
tranquilizers des calmants
transbordement transshipment
transfer (*of money*) un virement
the amount has been transferred to your account
la somme a été transférée sur votre compte
he's been transferred to the Chicago branch il a
été transféré à l'agence de Chicago
transformer un transformateur
transit le transit
in transit en transit
damaged in transit abîmé en cours de transport
transitaire shipping agent
translate traduire
translation une traduction
would you translate that for me? est-ce que vous
pouvez me traduire ça?
translator un traducteur (une traductrice)
transport le transport
has transport been arranged for us? est-ce que le
problème des déplacements a été réglé ?, est-ce
qu'une voiture a été mise à notre disposition ?
transport charges les frais de transport
transshipment le transbordement
travaux works, roadwork
travel voyager
travel agency une agence de voyage

au [oh], ç [s], ch [sh], e [uh, eh], é [ay], è [eh], eau [oh]
-er [-ay], eu [er], -ez [-ay], gn [ny], i [ee], ou [oo], qu [k]
y [ee]; *see also pages iv–v*

traveler's check un chèque de voyage, un traveler's chèque
traveling salesman un voyageur de commerce
tremendous énorme
trend une tendance
trial (*in court*) un procès
   on a trial basis à l'essai
   trials are still being carried out les essais sont en cours
   trial order une commande à l'essai
   trial period une période d'essai
   trial run un essai
trip: the trip out l'aller
   the return trip le retour
   a short trip un court déplacement, un voyage de peu de durée
trouble des ennuis
   I'm having trouble with . . . j'ai des ennuis avec . . .
   that's just the trouble! c'est là le problème !
trouble-free sans problème
   no trouble pas de problème
troubleshooter (*arbitrator*) un médiateur
   (*rescuer*) un expert (qui puisse sauver la situation, résoudre le problème)
trousers le pantalon
truck un camion
truck driver un conducteur de camion
true vrai
   it's not true ce n'est pas vrai, c'est faux
trust: I trust you je vous fais confiance
   we have to trust each other nous devons nous faire mutuellement confiance
   it's based on trust c'est une question de confiance
trustworthy (*person*) digne de confiance
try essayer
   we'll give it a try nous essaierons, nous allons essayer
   please try to convince him essayez de le convaincre

TSVP Tournez s'il vous plaît : *see over*
TTC Toutes Taxes Comprises : *inclusive of tax*
Tuesday mardi
turn: it's our turn to . . .c'est à nous de . . .
   as it turned out en fin de compte, finalement
turnaround: what sort of turnaround can you give
   us? sous quels délais pouvez-vous le faire ?
   their turnaround time is too slow leurs délais sont
   trop longs
turnover (*revenues*) le chiffre d'affaires
   (*of stock*) la rotation des stocks
   an increase in revenues une augmentation du
   chiffre d'affaires
tuxedo un smoking
TVA Taxe à la Valeur Ajoutée : *Value Added Tax*
twice deux fois
   twice as much deux fois plus
twin beds des lits jumeaux
type: this type of . . . ce genre de . . .
   suitable for all types of . . . convenant à tous les
   types de . . .
   would you have this typed up for me? voulez-
   vous me faire taper ça, s'il vous plaît ?
typewriter une machine à écrire
typical typique
typist une dactylo

U

ulcer un ulcère
umbrella un parapluie
unacceptable inacceptable
under sous
   under 20% moins de 20%
   under the terms of the contract conformément
   aux termes du contrat

---

au [oh], ç [s], ch [sh], e [uh, eh], é [ay], è [eh], eau [oh]
-er [-ay], eu [er], -ez [-ay], gn [ny], i [ee], ou [oo], qu [k]
y [ee]; *see also pages iv–v*

undercapitalized sous-capitalisé
undercut: we can undercut their prices question prix, nous pouvons faire mieux qu'eux
underpaid sous-payé(e)
underpriced sous-évalué(e)
understaffed qui manque de personnel
understand comprendre
  I don't understand je ne comprends pas
  do you understand? est-ce que vous comprenez ?
understanding: if we can reach an understanding about . . . si nous pouvons nous entendre au sujet de . . .
unethical (*practice*) des procédés malhonnêtes
unexpected inattendu(e)
unfounded injustifié(e)
unhappy: I'm still unhappy about it ça ne me satisfait pas encore, ça ne me plaît toujours pas
union (*trade*) un syndicat
  union member un syndiqué (une syndiquée)
  union steward un délégué syndical
unit l'unité *f*
unit cost le coût unitaire
United States les Etats-Unis
unit price le prix unitaire
unless: unless you can do it by next Wednesday à moins que vous ne puissiez le faire d'ici à mercredi prochain
unlikely peu probable
until jusqu'à
  until recently récemment
  not until Tuesday pas avant mardi
unusual inhabituel
up: sales are up 10% les ventes ont augmenté de 10%
  5% up over last year en augmentation de 5% sur l'année dernière
  when the extra period is up à l'expiration du délai supplémentaire
  up until yesterday jusqu'à hier
  he's not up yet il n'est pas encore levé

up market (*stock*) de hausse
up-to-date moderne
  to keep the records up to date mettre les dossiers
  à jour
  **will you bring me up to date on what's
  happening?** est-ce que vous pouvez me mettre au
  courant des derniers évènements ?
up-to-the-minute (*news, report*) de dernière heure
upturn une poussée, une relance
upwards: the trend is still upwards la tendance reste
  à la hausse
**urgency: please treat this as a matter of the greatest
  urgency** veuillez considérer ceci comme étant
  absolument prioritaire
urgent urgent(e)
us nous
use: can I use ...? est-ce que je peux utiliser ...?
useful utile
usine factory
usual: the usual approach la méthode habituelle
  as usual comme d'habitude
usually d'habitude

V

vacancy (*job*) un poste vacant
vacation les vacances *f*
  closed for summer vacation fermé pendant les
  vacances d'été
  I'll be on vacation je serai en vacances
valeur déclarée value of contents
valeurs securities, assets
valid valable
  how long is it valid? c'est valable combien de
  temps ?

---

au [oh], ç [s], ch [sh], e [uh, eh], é [ay], è [eh], eau [oh]
-er [-ay], eu [er], -ez [-ay], gn [ny], i [ee], ou [oo], qu [k]
    y [ee]; *see also pages iv–v*

valuable: the contents are valuable le contenu a de
la valeur
  that's valuable advice ces conseils sont très utiles
  that's valuable business cette commande vaut la
  peine
value la valeur
  we value the work you've done nous apprécions
  le travail que vous avez fait
VAT la TVA (taxe à la valeur ajoutée)
vegetarian végétarien(ne)
vendeur sales assistant, salesman, seller
vendre: à vendre for sale
vente sale
verglas ice (on road)
verify (check) vérifier
versé paid, paid up
very très
  much better beaucoup mieux
  I very much hope so je l'espère vraiment
vested interest un intérêt particulier
via via
view: in view of . . . vu le(la) . . ., étant donné le(la)
vintage year une bonne année
virages dangereux dangerous curves
virement transfer
visa un visa
visit (noun) une visite
  on our last visit to your factory la dernière fois
  que nous avons visité votre usine
  we look forward to M. Dupont's visit nous nous
  réjouissons de la visite prochaine de M. Dupont
vitesse limitée à : . . . maximum speed (speed limit)
voice une voix
voie sans issue cul-de-sac, dead-end road
voie 6 track 6
voltage le voltage
volume (of production, etc.) le volume
VRP Voyageurs, Représentants, Placiers : *traveling
salespeople*

W

wagon-lit sleeping *car*
wagon-restaurant dining *car*
wait: will we have to wait long? est-ce qu'il faudra attendre longtemps ?
   don't wait for me ne m'attendez pas
   I'm waiting for my colleague j'attends mon collègue
waiter le serveur, **waiter!** s'il vous plaît !
waitress la serveuse, **waitress!** s'il vous plaît !
wake: will you wake me up at 7:30? pouvez-vous me réveiller à sept heures et demie ?
Wales le Pays de Galles
walk: can we walk there? est-ce qu'on peut y aller à pied ?
wall le mur
wallet le portefeuille
want: I want a . . . je voudrais un . . .
   I want to talk to . . . je voudrais parler à . . .
   what do you want? qu'est-ce que vous voulez ?
   I don't want to je ne veux pas
   he wants to . . . il veut . . .
   they don't want to il ne veulent pas
   it's just what we want c'est exactement ce que nous voulons
warehouse un entrepôt
warehouse manager un responsable de magasin
warehousing (storage) costs les frais d'entreposage
warm chaud(e)
warning un avertissement
warranty une garantie
   it's under warranty c'est sous garantie
was *see* **be**
wash: can you wash these for me? est-ce que vous pouvez me laver ça ?
watch (*wrist–*) une montre

---

au [oh], ç [s], ch [sh], e [uh, eh], é [ay], è [eh], eau [oh]
-er [-ay], eu [er], -ez [-ay], gn [ny], i [ee], ou [oo], qu [k]
y [ee]; *see also pages iv–v*

will you watch ... for me? est-ce que vous pouvez surveiller ... ?

watch out! attention !

water: can I have some water? est-ce que je peux avoir de l'eau ?

way: this is the way we see things developing c'est ainsi que nous voyons l'évolution de la situation

let's do it this way faisons-le de cette façon, procédons de cette manière

OK, let's do it your way d'accord, faisons comme vous le voulez

this is the way forward c'est la bonne direction

the goods are on their way les marchandises sont en route

could you tell me the way to ... ? quel est le chemin pour aller à ... ?, pourriez-vous m'indiquer le chemin de ... ?

waybill feuille de route, bordereau

we nous

weak faible

weather le temps

what lousy weather! quel sale temps !

Wednesday mercredi

week une semaine

a week from today dans une semaine

a week from tomorrow demain en huit

in a week dans une semaine

on the weekend (pendant) le weekend

weigh peser

weight le poids

welcome: thank you for your warm welcome merci de cet accueil chaleureux

welcome to ... bienvenue à

we would welcome your comments nous apprécierions vos commentaires

well bien

I'm not feeling well je ne me sens pas bien

he's not well il ne va pas bien

how are you? very well, thanks comment allez-vous ? — très bien, merci

you speak English very well vous parlez très bien
l'anglais
Welsh gallois(e)
were see **be**
west l'ouest
West Indian antillais(e)
West Indies les Antilles
wet mouillé(e)
what ... quel (quelle) ... ?
   what is that? qu'est-ce que c'est ?
   what's that in French ? comment ça s'appelle en
   français ? **what with?** avec quoi ?
   what for? pourquoi ?
when quand
   when I arrived quand je suis arrivé
where: where can we ... ? où est-ce que nous
   pouvons ... ?
   where is the post office? où est la poste ?
   YOU MAY THEN HEAR ...
   près d'ici *nearby*, près de ... *close to ...* très loin
   a long way, tout droit *straight ahead* à gauche, à
   droite *on the left, on the right*, prenez la première
   à gauche/droite *take the first left/right*, après le
   feu rouge (les feux) *past the red light (traffic lights)*
whether si
which quel (quelle)
   which one? lequel (laquelle) ?
   YOU MAY THEN HEAR ...
   celui-ci *this one*, celui-là *that one*
whiskey du whisky
white blanc (blanche)
who qui
wholesale la vente en gros
wholesale price le prix de gros
wholesaler le grossiste

---

au [oh], ç [s], ch [sh], e [uh, eh], é [ay], è [eh], eau [oh]
-er [-ay], eu [er], -ez [-ay], gn [ny], i [ee], ou [oo], qu [k]
y [ee]; *see also pages iv–v*

whose: ... whose company was ... ... dont la
société était ...
   whose is this? à qui est ceci ?
   YOU MAY THEN HEAR ...
   c'est à moi/lui/elle/eux
     it belongs to me/him/her/them
why? pourquoi ?, **why not?** pourquoi pas ?
   YOU MAY THEN HEAR ...
   parce que ... *because*
wide large
width la largeur
wife: my wife ma femme
will: when will it be finished? quand est-ce que ce
sera fini ?
   will you do it? est-ce que vous pouvez le faire ?
   I will come back je reviendrai
willing: are you willing to ... ? est-ce que vous êtes
prêts à ... ?, est-ce que vous êtes d'accord de ... ?
   we are willing to try it nous sommes prêts à
essayer
win (*competition*) gagner
   (*order, contract*) obtenir, décrocher
window la fenêtre
   (*of car*) la vitre
   near the window près de la fenêtre
   in the window (*shop*) dans la vitrine
windshield le pare-brise
wine du vin
   may I see the wine list? est-ce que je peux voir la
carte des vins ? (*see wine guide page 166*)
   red wine du vin rouge, **white wine** du vin blanc
winter l'hiver
wire (*electrical*) un fil électrique
wise (*policy, decision*) sage, prudent(e)
   I think it would be wise to ... je crois qu'il serait
prudent de ...
wish: best wishes meilleurs voeux
   (*on letter*) meilleures pensées
   please give my best wishes to Mr. Duval
transmettez mes amitiés/salutations à M. Duval

Mr. Gordon sends his best wishes M. Gordon vous envoie ses amitiés/salutations
the customer's wishes les souhaits du client
with avec
withdraw (*money from account*) retirer, tirer
if we withdraw from the project si nous nous retirons du projet
within: within 3 months d'ici trois mois, en trois mois
without sans
witness un témoin
will you act as a witness for me? pouvez-vous me servir de témoin ?
woman une femme
wonderful merveilleux(-euse), magnifique
wood du bois
wool de la laine
word un mot
I don't know that word je ne connais pas ce mot
word processor un système de traitement de texte
work (*noun*) le travail
(*verb*) travailler
there's a lot of work to do il y a beaucoup à faire
it's very difficult work c'est un travail difficile
it's not working ça ne marche pas
I work in New York je travaille à New York
a good working relationship une bonne relation de travail
if we can work something out si nous arrivons à arranger quelque chose
it'll work out in the end ça finira par marcher
workforce le personnel
working capital le capital d'exploitation
workload le travail (à faire)
works (*factory*) l'usine *f*
workshop l'atelier *m*

---

au [oh], ç [s], ch [sh], e [uh, eh], é [ay], è [eh], eau [oh]
-er [-ay], eu [er], -ez [-ay], gn [ny], i [ee], ou [oo], qu [k]
y [ee]; *see also pages iv–v*

Wine Guide
REDS (vins rouges)
Bordeaux *areas* : Médoc, Graves, St. Emilion ;
    wines : Château-Lafite, Château-Margaux,
    Château-Latour, Pomerol ; **Bourgogne**
    Passe-tout-Grain, Nuits-St. Georges, Clos-Vougeot,
    Côte de Nuits-Village, Pommard, Volnay,
    Meursault, Pouilly-Fuissé, Mâcon ; **Beaujolais**
    Beaujolais-Villages, Juliénas, Morgon, Moulin à
    Vent, Saint Amour ; **Côtes du Rhône** Hermitage,
    Châteauneuf-du-Pape, Gigondas ; **Suisse** Dôle
WHITES (vins blancs)
Bordeaux Sauternes, Graves, Barsac ; **Bourgogne**
    Bourgogne Alligoté, Mâcon blanc ; **Loire**
    Muscadet, Gros Plant, Anjou, Coteaux du Layon,
    Saumur ; **Alsace** Silvaner, Riesling, Pinot Blanc,
    Tokay d'Alsace, Gewürztraminer, Edelzwicker ;
    Suisse la Côte : Vinzel ; Lavaux : St. Saphorin,
    Yvorne ; Valais : Fendant, Johannisberg
»   *TRAVEL TIP: in Switzerland, you don't order "un*
    quart" (25 cl – approx. = 8½ fl. oz.), as in France,
    but "un ballon" (10 cl – approx. = 3 fl. oz.), "deux
    décis" (20 cl – approx. = 7 fl. oz.), "trois décis"
    (30 cl – approx. = 10 fl. oz.) or "un demi" (0,5l –
    approx. = 17 fl. oz.).
ROSE (vins rosés)
Rosé d'Anjou, Tavel, Rosé de Provence
CHAMPAGNE
Dom Pérignon, Moët et Chandon, Mumm, Veuve
    Clicquot, Piper Heidsieck, Pommery, Taittinger
a few wine terms
Appellation Contrôlée AOC *quality label: a*
    guarantee that a wine comes from one particular
    area, vin de pays *not AOC, but superior to "vin*
    ordinaire," sec *dry,* demi-sec *medium,* doux *sweet,*
    mousseux *sparkling,* fruité *fruity*
have you got something dry/sweeter? est-ce que vous
    avez quelque chose de sec/de plus doux ?
what would you recommend with . . . ? que nous
    conseillez-vous avec . . . ?

cheers! santé !
world le monde
    the best in the world le meilleur du monde
worldwide (*distribution, sales*) mondial(e)
worry: I'm worried about it je suis inquiet à ce sujet,
    ça me préoccupe
    don't worry ne vous inquiétez pas
worse: it's worse c'est pire
    it's getting worse ça empire, ça s'aggrave
worst: the worst le pire
worth: it's not worth that much ça ne vaut pas
    autant
    is it worthwhile going to . . . ? est-ce que ça vaut
    la peine d'aller à . . . ?
    100F worth of . . . pour cent francs de . . .
worthless sans valeur
would: would you send us . . . ? pourriez-vous nous
    envoyer . . . ? *see also* **like**
wrap: could you wrap it up? pourriez-vous
    l'emballer ?
    to wrap up a deal conclure un marché
wrapping l'emballage *m*
write écrire
    could you write it down? pouvez-vous me
    l'écrire ?
    I wrote it all down j'ai tout noté
    we'll be writing to you nous vous écrirons
    could we have that in writing? pourriez-vous
    nous le confirmer par écrit ?
write off (*losses*) passer aux profits et pertes
writing paper du papier à lettres
wrong faux(fausse)
    I think the invoice is wrong je crois qu'il y a une
    erreur dans la facture

---

au [oh], ç [s], ch [sh], e [uh, eh], é [ay], è [eh], eau [oh]
-er [-ay], eu [er], -ez [-ay], gn [ny], i [ee], ou [oo], qu [k]
y [ee]; *see also pages iv–v*

there's something wrong with ... il y a quelque chose qui ne va pas dans ...
you're wrong vous avez tort, vous vous trompez
sorry, wrong number excusez-moi, je me suis trompé de numéro

Y

yard 1 yard=91.44 cms=0.91 m
year l'année f
yearly annuellement
yellow jaune
yellow pages les pages jaunes (de l'annuaire)
yes oui, **you can't—yes, I can** vous ne pouvez pas — si, je peux
yesterday hier
    the day before yesterday avant-hier
    yesterday morning/evening hier matin/soir
yet: is it ready yet? est-ce que c'est déjà prêt ?
    not yet pas encore
you vous
» *TRAVEL TIP: use the "vous" form in most situations; the familiar "tu" form is for people you know well; it's best to let the French speaker start using the "tu" form; examples are: vous parlez/tu parles (regular); vous venez/tu viens; vous prenez/tu prends (note that the "tu" form sounds the same as the "je" form); see also* **my**
young jeune
your *see* **my**
Yugoslavia la Yougoslavie

Z

zero zéro

Entrées/Crudités : Appetizers
Caviar *caviar*
Bouchées à la reine *chicken in puff pastry*
Foie gras *liver pâté*
Confit d'oie *potted goose*
Terrine du Chef *pâté maison*
Fruits de mer *seafood platter*
Crudités variées *various salads and raw vegetables*
Cuisses de grenouille *frogs' legs*
Escargots *snails*
Quenelles *dumplings in sauce*
Salade de tomates/de céleri/d'endives/de
    concombres *tomato/celery/chicory/cucumber salad*
Salade verte *green salad with vinaigrette dressing*
Salade de pommes de terre *potato salad*
Salade niçoise *salad with green beans, peppers,
    anchovies and olives*

Potages : Soups
Bouillon de poule *chicken consommé*
Potage printanier *spring vegetable soup*
Soupe à l'oignon *onion soup*
Velouté de tomate *cream of tomato*
Crème de bolets *cream of mushroom*
Soupe de poissons *fish soup*
Bisque d'écrevisses *crayfish bisque*

Viandes : Meat dishes
Boeuf *beef*, porc *pork*, veau *veal*, agneau *lamb*
Bifteck *steak*
Rôti de boeuf/porc *roast beef/pork*
Gigot d'agneau *shoulder of lamb*
Côtelette de porc *pork chop*
Escalope à la crème/panée *veal with cream/breaded
    veal*
Langue de boeuf *tongue (beef)*
Foie de veau *calf's liver*
Tournedos *beef filets*
Paupiettes de veau *rolled, stuffed veal fillet*
Rognons madère *kidneys in madeira sauce*

Longe d'agneau *loin of lamb*
Pot au feu *beef stew*
Boeuf en daube *casserole of beef*

Volaille : Poultry
Poulet rôti *roast chicken*
Poulet Basquaise *chicken in wine and peppers sauce*
Canard à l'orange *duck with orange sauce*
Poule au pot *chicken stew*
Coquelet à la crème *spring chicken with cream*
Cailles rôties *roast quails*

Gibier : Game
Civet de lièvre *hare stew*
Gigue de chevreuil *haunch of venison*
Sanglier *wild boar*

Poissons et crustacés : Fish and seafood
Coquilles Saint-Jacques *scallops*
Vol au vent aux fruits de mer *seafood in puff pastry*
Moules marinière *mussels in white wine*
Truite aux amandes *trout with almonds*
Raie au beurre noir *skate in black butter*
Filets de sole/perche *fillets of sole/perch*
Huîtres *oysters*
Loup au fenouil *bass with fennel*
Homard à l'armoricaine *lobster in white wine sauce
    with shallots*
Langouste *crayfish*
Rouget au four/grillé *grilled mullet*
Sardines en friture *fried sardines*
Cabillaud au court-bouillon *poached cod*
Maquereaux au vin blanc *mackerel in white wine*

A few menu terms : à l'ail *(with) garlic*, aux câpres
    in caper sauce, à la crème *with cream*, échalotes
    shallots, garni *with French fries (or rice) and
    vegetables*, en gelée *in aspic*, moutarde *mustard*,
    oignons *onions*, provençale *cooked in olive oil with
    garlic, tomatoes and herbs*, au vin blanc *in white
    wine*, vinaigrette *tangy oil and vinegar dressing*

Légumes : Vegetables
Pommes de terre dauphine *potato croquettes*
Pommes vapeur *steamed potatoes*
Pommes (de terre) frites *French fried potatoes*
Purée *mashed potatoes*
Haricots verts *French beans*
Gratin de courgettes *zucchini casserole*
Carottes Vichy *baby carrots glazed with sugar and butter*
Endives braisées *braised chicory*
Epinards à la crème *creamed spinach*
Artichauts *artichoke*, asperges *asparagus*, champignons *mushrooms*, choux *cabbage*, choux de Bruxelles *Brussel sprouts*, choux-fleur *cauliflower*, fenouil *fennel*, tomates *tomatoes*

Fromages : le plateau de fromages cheese board
SOFT CHEESES
Brie, Camembert, Coulommiers, Munster, Reblochon, Vacherin
FIRM CHEESES
Roquefort, Bleu des Causses, Rigotte de chèvre, St. Marcellin, Gruyère, Comté
in *Switzerland:* mainly Gruyère, Emmenthal, fromage de Bagnes (Valais)
» TRAVEL TIP: *cheese, esp. in France, is an integral part of the meal and is served before dessert, generally with bread (not crackers).*

Desserts : Desserts
Glace *ice cream*, crème chantilly *whipped cream*, compote *stewed fruit*, flan *egg custard*
Vacherin glacé *meringue cake with ice cream and fruit*
Tarte aux pommes/myrtilles *apple/blueberry pie*
Omelette norvégienne *baked Alaska*
Fruits de saison: cerises *cherries*, fraises *strawberries*, poires *pears*, pommes *apples*, pêches *peaches*, abricots *apricots*, raisin *grapes*, prunes *plums*

Snacks : Snacks
Croque-monsieur *toasted ham with cheese sandwich*,
    Croque-madame *same as* croque-monsieur, *with a*
    fried egg, Omelette au jambon/fromage
    ham/cheese omelet, Assiette anglaise, viande
    froide *cold meats*, Saucisses, frites *wieners, French*
    fries, Sandwich au saucisson/jambon
    salami-type/ham sandwich, Crêpes *pancakes*,
    Oeufs sur le plat *fried eggs*

Spécialités : Specialties
Aïoli *garlic mayonnaise*
Bouillabaisse *rich fish soup*
Choucroute garnie *sauerkraut with sausages,*
    hamhocks, etc.
Fondue bourguignonne *beef fondue: pieces of steak,*
    dipped and quickly cooked in hot oil and eaten
    with various sauces
Fondue au fromage *cheese fondue: crusty pieces of*
    bread dipped into melted cheese (usu. Gruyère)
Raclette (Switzerland) *melted cheese served with*
    boiled potatoes and pickles
Viande séchée (or des Grisons) (Switzerland)
    wafer-thin slices of dried beef, usu. served with rye
    bread and pickles

Enjoy your meal!—or, as they say, **bon appétit** !

0	zéro [zay-roh]	**1st**	premier [pruhm-yay], 1er
1	un [ān]	**2nd**	deuxième [duhz-yem],
2	deux [duh]		2ème, 2e
3	trois [trwah]	**3rd**	troisième [trwahz-yem]
4	quatre [kahtr]	**4th**	quatrième [kahtr-yem]
5	cinq [sānk]	**5th**	cinquième [sānk-yem]
6	six [sees]	**6th**	sixième [seez-yem]
7	sept [set]	**7th**	septième [set-yem]
8	huit [weet]	**8th**	huitième [weet-yem]
9	neuf [nuhf]	**9th**	neuvième [nuhv-yem]
10	dix [dees]	**10th**	dixième [deez-yem]
11	onze [ōnz]	**11th**	onzième [ōnz-yem]
12	douze [dooz]	**12th**	douzième [dooz-yem]
13	treize [trayz]	**13th**	treizième [trayz-yem]
14	quatorze [kah-torz]		
15	quinze [kānz]		
16	seize [sayz]		
17	dix-sept [dee-set]		
18	dix-huit [deez-weet]		
19	dix-neuf [deez-nuhf]		
20	vingt [vānt]		
21	vingt-et-un [vān-tay-ān]		
22	vingt-deux [vānt-duh]		
23	vingt-trois [vānt-trwah]		
24	vingt-quatre [vānt-kahtr]		
25	vingt-cinq [vānt-sānk]		
26	vingt-six [vānt-sees]		
27	vingt-sept [vānt-set]		
28	vingt-huit [vānt-weet]		
29	vingt-neuf [vānt-nuhf]		
30	trente [trōnt]		
31	trente-et-un [trōnt-ay-ān]		
40	quarante [kah-rōnt]		
50	cinquante [san-kōnt]		
60	soixante [swah-sōnt]		
70	soixante-dix [swah-sōnt-dees]		
71	soixante-et-onze [swah-sōnt ay ōnz]		
72	soixante-douze [swa-sōnt dooz]		

» TRAVEL TIP: *in Switzerland and Belgium, "septante"*
[sep-tōnt], "septante et un," "septante-deux," etc.

80 quatre-vingts [kahtruh-vān]
81 quatre-vingt-un
82 quatre-vingt-deux
» *TRAVEL TIP: in parts of Switzerland and in Belgium,
  also "huitante" [wee-tōnt], or "octante" [ok-tōnt],
  "huitante et un," "huitante-deux," etc.*
90 quatre-vingt-dix
91 quatre-vingt-onze
92 quatre-vingt-douze
» *TRAVEL TIP: in Switzerland and Belgium, "nonante"
  [nuh-nōnt], "nonante et un," "nonante-deux," etc.*
100 cent [sōn]
101 cent un [sōn ān]
102 cent deux
175 cent soixante-quinze
200 deux cents
202 deux cent deux
1,000 mille [meel], 1.000, 1 000
2,000 deux mille, 2.000, 2 000
2,469 deux mille quatre cents soixante-neuf
1,000,000 un million [mee-yōon], 1.000.000, 1 000 000
1,000,000,000 un milliard [mee-yahr]

¼ un quart [khar], ¾ trois quarts
⅓ un tiers [tee-air], ⅔ deux tiers
½ un demi [duh-mee], 1½ un ... et demi
1¼ un ... et quart
⅛, etc. un huitième, etc.

0.2 zéro virgule [veer-gœl] deux, 0,2
3.86 trois virgule quatre-vingt six, 3,86

Note: in French the comma is used as a decimal
  point and the period is used for thousands as
  illustrated above.

4+4 quatre plus [plœs] quatre or et [ay] quatre

4−2 quatre moins [mwan] deux

4×4 quatre fois [fwah] quatre

4÷2 quatre divisé [dee-vee-zay] par deux

4+4=8 quatre plus quatre égale [ay-gahl] huit

40% of 35 quarante pour cent [poor son] de trente-cinq

30% increase une augmentation de trente pour cent

2² deux au carré [kah-ray], deux à la puissance deux

2³ deux au cube [kœb], deux à la puissance trois

2⁴ deux à la puissance [pwee-sons] quatre

Special Vocabulary List

English/Anglais	French/Français

Special Vocabulary List

English/Anglais	French/Français

Special Vocabulary List

English/Anglais	French/Français

Special Vocabulary List

English/Anglais   *French/Français*

_____   _____

_____   _____

_____   _____

_____   _____

_____   _____

_____   _____

_____   _____

_____   _____

_____   _____

_____   _____

_____   _____

_____   _____

_____   _____

CONTACTS LIST

Name	Address	Tel.

CONTACTS LIST

Name	Address	Tel.

CONTACTS LIST

Name	Address	Tel.

CONTACTS LIST

Name	Address	Tel.

LANGUAGE AND TRAVEL BOOKS

Multilingual
The Insult Dictionary:
  How to Give 'Em Hell in 5 Nasty Languages
The Lover's Dictionary:
  How to be Amorous in 5 Delectable Languages
Multilingual Phrase Book
International Traveler's Phrasebook

Spanish
Vox Spanish and English Dictionaries
Harrap's Concise Spanish and English Dictionary
The Spanish Businessmate
Nice 'n Easy Spanish Grammar
Spanish Verbs and Essentials of Grammar
Getting Started in Spanish
Spanish Verb Drills
Guide to Spanish Idioms
Guide to Correspondence in Spanish
Español para los Hispanos
Diccionario Básico Norteamericano

French
Harrap's French and English Dictionaries
French Verbs and Essentials of Grammar
Getting Started in French
French Verb Drills
Guide to Correspondence in French
The French Businessmate
Nice 'n Easy French Grammar

German
New Schöffler-Weis German and English Dictionary
Klett German and English Dictionary
Harrap's Concise German and English Dictionary
Getting Started in German
German Verb Drills
German Verbs and Essentials of Grammar
The German Businessmate
Nice 'n Easy German Grammar

Italian
Getting Started in Italian

Russian
Russian Essentials of Grammar
Business Russian

Just Enough Books
Just Enough Dutch
Just Enough French
Just Enough German
Just Enough Greek
Just Enough Italian
Just Enough Japanese
Just Enough Portuguese
Just Enough Scandinavian
Just Enough Serbo-Croat
Just Enough Spanish

Just Listen 'n Learn Language Programs
Complete Courses in Spanish, French,
  German, Italian and Greek

Travel and Reference
Nagel's Encyclopedia Guides
World at Its Best Travel Series
Japan Today
British/American Language Dictionary
Bon Voyage!
Hiking and Walking Guide to Europe

 PASSPORT BOOKS

Trade Imprint of National Textbook Company
4255 West Touhy Avenue
Lincolnwood, Illinois 60646-1975 U.S.A.